EL MILAGRO DE LA RUPTURA

Mi Vida, Su Historia. Una Memoria.

EL MILAGRO DE LA RUPTURA

Mi Vida, Su Historia. Una Memoria.

D A R L E N E R H O D E S

Niche Pressworks
Indianápolis

El Milagro de la Ruptura

Derechos de Autor © 2018 Darlene Rhodes

Todos los derechos reservados. Ninguna parte de este libro puede ser utilizada o reproducida de ninguna manera sin el consentimiento previo por escrito del autor, excepto lo dispuesto por la ley de derechos de autor de los Estados Unidos de América. Para obtener permiso para reimprimir partes de este contenido o para compras al mayoreo, comuníquese con:

WAW
Apartado Postal 29
Farmington, Mo. 63640
Correo Electrónico: waw@solidrockfamilychurch.org

Algunos nombres y lugares fueron cambiados para proteger la privacidad de las personas involucradas.

Publicado con el permiso de: Storyteller Lyrics, licencia de Essential Music Publishing LLC # 3304083429. A menos que se indique lo contrario, todas las escrituras están tomadas de La Santa Biblia, Nueva Versión Internacional. © 1973, 1978, 1984, International Bible Society.

Publicación, composición y diseño gestionados por Niche Pressworks. http://NichePressworks.com

ISBN: 978-1-734-18630-7 Pasta Blanda

Las ganancias de la venta de este libro se destinarán a *Women Around the World Ministries*. www.womenaroundtheworldministries.com

Dedicatoria

Dedico este libro a mis hijos, Joeie, Tamie y Tiffany, que son ejemplos de lo que es caminar en Gracia y Fuerza a pesar de las situaciones adversas de la vida. Me siento muy orgullosa de los hermosos adultos que son ahora. Ustedes son grandes padres y uno de ustedes es un excelente abuelo. Cada uno de ustedes es tan bondadoso, dotado y talentoso, y ha usado esos talentos dados por Dios en sus vidas. A todos los he observado con orgullo y sé que hay más dones y talentos por explorar. Son mi alegría, ¡y sé que nunca dejarán de esperar y soñar!

Dedico este libro a mi papá, quien me enseñó que la Gracia y el Perdón sanan y nunca fallan. Te extraño papá; sin embargo, tu amor y sabiduría viven a través de tus hijos, nietos y bisnietos porque nos dejaste un legado que seguir.

Dedico este libro a mi Príncipe, mi querido Darryl, quien me mostró la Gracia en su vida y cómo aceptarla en la mía. Gracias por ver los dones que hay dentro de mí y animarme a contar "Su historia" en todo el mundo. ¡Qué hermoso es el viaje de la vida en el que estamos! Gracias por estas dos hermosas hijas, Chris y Elesha, que por su cuenta, desde "el principio de nuestra relación," me han llamado "mamá." Su amor y su risa realmente capturaron mi corazón. Soy una mujer muy bendecida.

Sobre todas las cosas, dedico este libro al Amante de mi alma, a mi Maestro, a mi Redentor, a mi Salvador, a mi Señor y a mi Jesús. Me has amado incondicionalmente y me has ayudado de cerca en cada tormenta de la vida. Eternamente, me sentiré honrada de ser Tu hija, Tu narradora.

Agradecimientos

La inspiración para escribir este libro provino de muchos que me han alentado y de las voces silenciosas que han recorrido caminos similares a mi historia.

Estoy muy agradecida con mi editora en jefe, Holly Deherrera, una excelente autora, cuya experiencia dio vida a este trabajo y me siento honrada de llamarla mi amiga. Muchas gracias a Debbie Allen, una gran editora que leyó mi manuscrito y aportó información valiosa a los detalles. Le agradezco a mi amigo David, un autor que me dio su aprobación. Estoy muy agradecido con mi hija Tiffany por haber leído muchas reescrituras y ayudarme con los errores gramaticales. Estoy especialmente en deuda con mi equipo de *Women Around the World*, Tiffany, Missy, Sarah, Kristi, Carrisa y Dara, que pasaron horas planeando conferencias para mujeres, las cuales son mis guerreras constantes para animarme y hacer oración. Y gracias, Nicole, por tus increíbles habilidades y por empujarme más allá de lo que podía ver.

Contenido

Dedicatoria v

Agradecimientos vii

Contenido ix

Capítulo 1: Un Insecto en una Tabla 1

Capítulo 2: Los Días de la Morera 5

Capítulo 3: Mamá Llevaba un Vestido Floreado 9

Capítulo 4: Iglesia en el Patio 11

Capítulo 5: Una Reina Sin Corona 13

Capítulo 6: El Miedo se Convierte en Aventura 17

Capítulo 7: Papá Arrodillado en el Altar 21

Capítulo 8: Mamá con una Pistola 25

Capítulo 9: Debilidad y Votos 31

Capítulo 10: El Sol y los Rayos 41

Capítulo 11: Mentiras 45

Capítulo 12: Colgando sobre el Cañón 47

Capítulo 13: Demonios Esperando en las Galeras 51

Capítulo 14: Reflector y Alabanza 55

Capítulo 15: Abejorro y la Blusa Amarilla 57

Capítulo 16: Prometiendo estar Ausente 61

Capítulo 17: No Revuelvas la Suciedad 65

Capítulo 18: Casa Pintada 67

Capítulo 19: Confrontando a Papá 71

Capítulo 20: Parpadeos y Sombras 73

Capítulo 21: Máscaras 77

Capítulo 22: Oraciones en el Autobús 83

Capítulo 23: Sus Ojos son Heridas 85

Capítulo 24: Atrapada y Ahogada 89

Capítulo 25: El Dolor No Tiene que Imperar 93

Tabla de Contenido

Parte Dos 99

Capítulo 26: Decir "Sí, Acepto" Otra Vez... 101

Capítulo 27: Heridas Espirituales... 109

Capítulo 28: Amor Verdadero y Paz Verdadera 113

Capítulo 29: Los Sueños Alcanzan el Horizonte 115

Capítulo 30: Alas Cafés Contra un Cielo Azul..................................... 117

Capítulo 31: Un Sueño Que Se Vuelve Realidad 119

Capítulo 32: El Corazón y la Curación... 121

Capítulo 33: Hablándole a las Hermosas Masas................................... 127

Capítulo 34: Últimos Días y Nueva Vida.. 133

Capítulo 35: Reveses y Nuevo Desengaño 137

Capítulo 36: Un Corazón Perfectamente Normal 141

Capítulo 37: Terminando el Ciclo... 143

Capítulo 38: Caminando Libre 145

Reflexiones de la Autora: Su Historia 149

Escribe Tu Historia 151

Sobre la Autora 153

Reconocimiento para Women Around the World 155

Capítulo 1
Un Insecto en una Tabla

Salem, Misuri

Todos nos sentamos alrededor de la mesa del comedor mientras mamá cerraba los gabinetes y deslizaba los platos, con pequeños bordes floreados del color del interior de un aguacate, sobre la madera oscura.

"¿Por qué no te sientas y te unes a nosotros, Audrey?" Dijo Papá, con una voz tan suave como la oreja de un conejito.

Me moví en mi asiento, mis piernas no eran lo suficientemente largas como para permitir que mis pies tocaran el piso y pensé que me gustaría vivir en la casa de la vecina en la misma calle, porque apuesto a que su mamá no perseveraba tanto como la mía.

Entonces mamá se enojó (ella siempre se enojaba) y dijo: "Sabías muy bien, porque te lo dije hoy, que quería pescado para la cena." Miró a papá como si este fuera un insecto y lo estuviera clavando en una tabla.

"Por Dios, Audrey, no sabía que fuera tan importante para ti cenar pescado." Papá se sentó con las manos extendidas en el borde de la mesa, la piel debajo de las uñas pasó de rosa a blanco. "Iré ahora si te importa tanto."

"Ya es muy tarde," murmuró, cruzando los brazos sobre el pecho, parándose erguida cerca de la cocina.

Me pregunté, si *era* demasiado tarde, ¿por qué no había dicho algo en primer lugar? Sin embargo, me trague mis palabras.

"Bueno, entonces, siéntate con nosotros para comer. No tiene caso desperdiciar una comida perfectamente buena con todo este alboroto."

Miré a mi hermano, Paul, quien obviamente había renunciado a que mamá se acercara a la mesa y se estaba metiendo una cuchara de frijoles en la boca, ignorando todo el embrollo.

"No me sentaré con ustedes, Luther. Ya no tengo hambre." Diciendo cada palabra más fuerte que la anterior.

En ese momento, papá se levantó tan alto como era, alto como un árbol, con su servilleta deslizándose hacia el suelo. Tomó con fuerza sus llaves del mostrador y salió por la puerta, sacudiendo la cabeza. "Siempre haces tanto escándalo por nada." La puerta de mosquitero se cerró de golpe detrás de él, y contuve la respiración mientras escuchaba que arrancaba su auto.

Mamá se acercó a la mesa y se inclinó para mirarme, con los brazos cruzados y sus rizos marrones cayendo como un marco alrededor de su cara, y dijo entre dientes: "Dile a tu papá que si se va, me iré cuando regrese." Me sentí tan pequeña como una hormiga cuando me miró de esa manera. Mi corazón latía como los dedos sobre las teclas del órgano de la iglesia, y tragué un nudo punzante, tratando de no llorar como un bebé. *Solo porque tengo cinco años no significa que no pueda ser valiente.*

Sentía como si mi estómago estuviera lleno de nudos, todos tirando en diferentes direcciones. Me levanté de un salto, golpeándome la rodilla contra la mesa y salí corriendo por la puerta principal. Le grité a papá una y otra vez, él ya había sacado el auto del camino de grava y estaba empezando a bajar por el camino, los neumáticos crujían mientras él avanzaba lentamente. Corrí y corrí, mis pies descalzos golpeando contra el pavimento, gritando: "¡Papi! ¡Papi!"

Redujo la velocidad del coche y luego se detuvo. Abrí la puerta delantera y me subí al gran asiento de papá, mis lágrimas caían libremente al igual que las flores de la morera en primavera. "¿Qué pasa, Pies de Azúcar?" me preguntó. Se inclinó hacia mí, la suave piel entre sus ojos se amontonó en una pila y me secó la cara con su gran mano.

Respiré hondo y dije entre jadeos: "Mamá dice que se irá cuando regreses. ¡No te puedes ir!" Haría casi cualquier cosa para evitar que papá fuera lastimado. No se lo merecía. Nunca lastimaría una pulga. Todo el tiempo, mi mamá me mandaba a hacer cosas que no quería hacer. *Dile esto a tu papi. Dile a tu papi aquello.* Yo solamente no quería decirle a papá las cosas que ella decía.

Mientras frotaba mi brazo con la mano, me dijo con dulzura. "Todo estará bien, Darlene." Sus ojos marrones se veían tristes detrás de sus gafas de montura negra, apretó los labios como si fuera a decir algo más, pero que no quería decir. Luego retrocedió el auto y se dirigió al camino de entrada frente a nuestra casa, que parecía un cubo de azúcar blanco. Papá giró la llave, haciendo que el zumbido se detuviera, salió y caminó para bajarme por mi lado. Me levantó del asiento y me sostuvo cerca de su pecho mientras caminaba lenta y firmemente hacia la casa donde no se veía a mi mamá por ningún lado. Sin embargo, eso me parecía bien. Sabía que se había ido a su habitación para seguir con su enojo. Por lo menos Papá estaba en casa. Podríamos sentarnos y comer la comida que mamá preparó pero que no quiso comer, y todo estaría bien.

En la casa solo estábamos mamá y papá, Paul, Shirley y yo. Los mayores ya se habían ido: Faye, Don y León. Shirley se iba a casar pronto, me dijo; sin embargo, en lo que llegaba ese día me metía en su cama todas las noches y nos acurrucábamos. Me sentía segura como un oso en su guarida cuando estaba con ella.

Me encantaba que papá me llevara con él en sus viajes para visitar a personas y orar, o para ofrecer una palabra amable. Dábamos tumbos en su carro, tan grande como un barco, mientras platicábamos y reíamos. Me hablaba de la época en la que era pequeñita, y cantaba frente a la iglesia con él parándome erguida en el púlpito. "Parecías un ángel bebé." Me gustaba pensar en esos tiempos. Hacían que la parte triste de mí se sintiera más como un rayo de sol.

Capítulo 2

Los Días de la Morera

Salem, Misuri

Puse mis pies descalzos sobre la madera tosca de la morera en nuestro patio delantero en Salem, Misuri, luego me subí a mi lugar favorito a la mitad, donde podía sentarme y cubrirme con un montón de hojas verdes con forma de lágrima, escondida en el centro de un gran capullo viejo. En el interior, la luz del sol brillaba a través del follaje y me recosté, con una pierna colgando y la otra estirada sobre la rama, mientras agarraba la fruta que parecía frambuesas magulladas, sus jugos manchaban mis manos y el frente de mi vestido. La morera era mi lugar, mi lugar para pensar en las cosas y mi lugar para fingir que todo estaría bien, aunque a veces me dolía tanto la barriga y me hacía pensar que tal vez estaba enferma.

Me asustaba mucho... perros ladrando ruidosamente, muchachos grandes en la calle con bicicletas giratorias, y mamá, su voz fuerte y sus miradas de enojo que atravesaban mi corazón como un cuchillo. La mayoría de las veces, tenía miedo de ser *el motivo* de su ira. A mamá no le gustaban muchas cosas. Ni siquiera le gustaba que papá trabajara como predicador. A veces, podía sentir su rígida falta de flexibilidad justo a la mitad del servicio. *No podía entenderlo.* Él siempre vivirá en mis recuerdos... sus pantalones cafés, su camisa blanca abotonada, y sus tirantes, predicando las Sagradas Escrituras. Papá era el hombre más inteligente y amable que jamás haya vivido y respirado, pero sabía que diría *algo* en su sermón que la irritaría. No podía ver que podría haber dicho él como para hacerla escupir fuego.

Un sábado por la tarde, Paul, mamá, papá y yo íbamos conduciendo el Mercury blanco y nos dirigimos a la casa de la abuela y el abuelo para pasar el día. El día caluroso se sentía como una manta de un millón de libras, y nuestro auto blanco, una lata grande y vieja, nos asaba. Las lluvias de los últimos días hicieron que todo se volviera verde y blanco como una oruga.

Papá me miró por encima del hombro, alzando las cejas y dijo: "¿Crees que deberíamos hacerlo, Pie de azúcar?" Se detuvo en la Ensenada Hundida, un lugar que solo tenía un pequeñísimo río, por donde a veces manejábamos nuestro auto, como Jesús caminando sobre el agua.

Asentí, brincando en mi asiento.

"Esto será divertido, ¿no?" Preguntó papá, su cara sonriendo a través del espejo, señalándonos hacia atrás a Paul y a mí.

Papá avanzó el auto, moviéndose lentamente por el arroyo como una serpiente boca de algodón buscando comida. Paul y yo nos reímos. Las lluvias habían hecho que el agua estuviera un poco más alta de lo normal, y me pregunté si flotaríamos como una canoa en el río. En vez de eso, el auto pasó retumbando sobre el agua que fluía, la mayor parte del camino a través del arroyo, y luego se detuvo.

Las palabras salieron de la boca de mamá como si fueran las piedras de una honda. Luther, sabía que esto iba a pasar. Ahora vamos a llegar muy tarde para ver a mis padres. ¡Has arruinado todo el día con tu insensatez! Sabías que era mejor no ir por este camino. Sabías que el arroyo estaría elevado. ¡Sabías que nos tomaría más tiempo llegar ahí! Ella siguió gritando como si tuviera un montón de palabras acumuladas para cuando ocurriera un desastre como este. Volteó y me miró cuando papá salió del auto para mirar debajo del capó redondo. Miré mis manos y retorcí la tela de mi vestido formando una pequeña bola apretada.

Es mi culpa. Es mi culpa, pensé para mí misma. La cabeza de papá desapareció detrás de la cubierta del auto y me pregunté cómo podría solucionarlo Me tragué el nudo caliente que sentía en la garganta y cerré los ojos. *Le ayudaré a arreglarlo. Todo esto es mi culpa. Lo hizo para que nos divirtiéramos. Ahora mira lo que pasó.* Entonces, agarré una toalla vieja del asiento trasero y salí, el agua tibia del arroyo llegaba hasta la mitad de mis piernas, mi falda flotaba alrededor de mi cintura. Junto a papá, presioné la toalla contra el metal caliente del motor, dejando que mis lágrimas cayeran ahora que mamá no podía verme. "Lo siento mucho, papá. Lo siento mucho."

Y me miró, apoyando una mano sobre la mía, inclinándose hacia mí para que sus ojos, del color de la arena cerca de la orilla del arroyo, estuvieran cerca de los míos, y dijo: "No es tu culpa, Darlene. No te preocupes. Todo estará bien. Además, no es un gran problema." Presionó la toalla en el lugar donde estaban todas las mangueras. "Fue divertido, ¿no?"

Más tarde, el auto arrancó y manejamos el resto del camino a través del arroyo. Llegamos a la casa de la abuela y el abuelo, y mamá se calmó. Pero por dentro algo se sentía mal. Sabía que nada de lo que dijera o hiciera, y nada de lo que papá dijera o hiciera, traería una sonrisa brillante a la cara de mamá o haría que ella me amara. Parecía que ella no sabía cómo hacerlo.

Y una pequeña sensación de dolor, una que me hizo sentir pequeña, asustada y un poco sola al mismo tiempo, construyó una pequeña casita en mi pecho, una que no se parecía en nada al interior de esa morera.

Capítulo 3

Mamá Llevaba un Vestido Floreado

Salem, Misuri

Llegó la mañana de Navidad y caminé de puntitas con Paul delante de mí. Cada escalón chirriaba como si nos estuviera delatando. Pero no era necesario porque cuando llegamos a la sala en donde estaba el hermoso árbol verde, el cual se encontraba en la esquina todo iluminado con grandes focos de colores rojo, verde y azul, mamá y papá estaban cerca, como si nos hubieran estado esperando. Mamá llevaba un vestido floreado y una sonrisa extraña, y papá sonrió como si fuera a estallar si no entrábamos y nos sentábamos alrededor del árbol. Y ahí fue cuando la vi: una linda muñeca, tan grande como un bebé de la vida real, sentada en el árbol. Corrí hacia ella y la tomé en mis brazos poniendo su carita contra la mía, estudiando su pequeña boca rosada, con forma de "O" y sus ojos redondos del color del cielo. Y besé su cara de plástico, sonriendo, amándola tanto, especialmente porque mamá estaba al lado de papá. Sobre todo porque significaba que me amaban. Los dos.

Capítulo 4
Iglesia en el Patio

Salem, Misuri

El verano llegó a Salem, como un tren sobre ruedas grandes. Paul y yo jugamos en las pilas de aserrín que hacían en el aserradero cerca de nuestra casa. Corrimos hasta la cima, nuestros pies presionando la montaña suave, y luego nos sentamos en lo más alto, mirando a través del mundo. En esos días, éramos como un rey y una reina mirando nuestro reino.

Otros días, nos congregábamos en el patio, donde Paul era el predicador, invocando fuego y azufre sobre mi sobrina y yo, dos pequeñas damas de la iglesia, sentadas con las piernas cruzadas en el patio trasero con la hierba tersa debajo de nosotras. Mi hermano mayor nos acechaba de un lado a otro, gritándonos que nos "arrepintiéramos." Mi sobrina y yo nos reíamos detrás de nuestras manos cuando Paul nos dirigió una mirada oscura y enojada, recordándonos que nos mantuviéramos en el "camino recto y estrecho." Simplemente nos mirábamos y nos encogíamos de hombros, sin estar seguras de lo que eso significaba, pero pensar en la cara roja y brillante de Paul y el sudor que seguía secándose con el dorso de la mano era gracioso.

Mis pies parecían un ramo de flores de color melocotón, sin calcetines y zapatos apretados, brotando frente a mis piernas cortas, bailando y agitando el aire húmedo. Los meneaba mientras Paul predicaba, entonces vi una mariposa salir disparaba y aterrizar cerca.

A veces caminábamos unas cuantas cuadras hasta la tienda de todo a un centavo y comprábamos dulces con el cambio de papá rebotando en nuestros bolsillos, sintiéndonos adultos y ricos. Aquellos eran días felices. Días libres. Días soleados.

Sin embargo, el verano no dura para siempre.

Capítulo 5

Una Reina Sin Corona

Salem, Misuri

El irritante negro de un vestido de luto reemplazó al amarillo florido que solía usar, el que le gustaba a papá porque me dijo que hacía que mis ojos se vieran bonitos. A las nueve, como toda una niña grande, ayudé a preparar las cosas para el velatorio del tío Melvin, que se llevaría a cabo justo en la sala de la casa de mi tía Rosie. Cada habitación se sentía gris y sombría, y todos hablaban en voz baja como si hablar normalmente significara que no estábamos lo suficientemente tristes.

Mi primo de dieciséis años, Lenny, me dio un codazo. "Ven, ayúdame a sacar unas sillas del cobertizo."

Salimos por la puerta, alrededor de un costado de la casa, todos estaban ocupados preparando la comida y arreglando cosas adentro. Me dio un leve codazo en el espacio oscuro y una sensación escalofriante de miedo bajó por mi espina dorsal. *Deja de ser una gallina por todo.* Cuadré mis hombros, diciéndome a mí misma que no tenía por qué tener miedo.

Lenny se inclinó hacia mí, sus ojos marrones como el chocolate buscaron los míos.

Me ofreció una sonrisa que parecía a medio camino entre vil y amigable. "Hagamos algo ahora. Me ayudará a sentirme mejor." Giró la cabeza hacia la casa, así que supe que se refería a su propio padre, que yacía muerto en la sala. Levantó las cejas y me dijo que necesitaba que lo tocara en sus partes privadas. Me quedé inmóvil como una estatua, tan inmóvil como una reina en la cima de una montaña, contemplando sus tierras. Fingí que no estaba en ese cobertizo y que mi primo no me estaba diciendo que también me bajara las bragas, porque sabía que eran mis partes privadas y que se suponía que no debía compartirlas con mis primos en un cobertizo. Una serpiente negra de vergüenza ardiente se abrió camino a través de mi pecho, evitó que mi boca funcionara, evitó que dijera nada. Él solo hizo lo suyo, y me quedé allí sintiéndome mucho más pequeña que él y tan sucia como si me hubiera revolcado en el lodo. No fue algo suave y agradable, más bien como si pequeñas piedras me atravesaran, haciéndome sangrar. Después de eso, tomó una pila de sillas y se fue. Sin embargo, volteó la cabeza y dijo por encima del hombro con algo cercano a un gruñido: "Si dices una palabra, lo lamentarás." Mi piel se erizó, preguntándome cómo podría empeorar esto. ¿Cómo podría estar *más* avergonzada de lo que ya estaba?

Cada vez que visitábamos a su familia, Lenny encontraba la manera, cuando nadie lo estaba mirando, de pasar su gran mano hacia abajo por mis pantalones o hacia arriba de mi blusa, tan rápido como un lagarto que se esconde del sol. *Todo esto es mi culpa. Si tan solo hubiera huido la primera vez. Si tan solo hubiera gritado y corrido hacia mi papá, él me habría salvado, y Lenny se habría metido en un gran problema y luego me habría dejado en paz.* Pero no lo hice y debido a que no fui valiente, era mi culpa. Lenny sabía que yo era tan débil como una reina sin corona.

REFLEXIONES: TORMENTAS Y TIERRAS EXTRANJERAS

*E*stás volando tan alto sobre la tierra que puedes ver la curva del planeta, tu destino está en algún lugar más allá del horizonte donde el azul-negro se encuentra con el azul-marrón. Desde aquí es difícil decir que tu manómetro tiene un grado de diferencia. Simplemente sigue volando, pensando en todas las cosas que desearías que no estuvieran sucediendo en tu vida. Sigues pensando que si tan solo eso no hubiera fallado, sigues pensando que si no hubieras fallado tan desgraciadamente, podrías estar en un lugar diferente. Y las millas se estiran y estiran, y ese grado inclina el avión más y más lejos de la marca.

Un pequeño grado. No es tanto. Pero es suficiente como para que tu avión caiga en picada en el Mar del Sur en lugar de aterrizar suavemente sobre la suave arena que esperabas.

Me salí de curso un grado a la vez, y, antes de que me diera cuenta, me encontré en un mar de dolor y no podía encontrar mi camino hacia el círculo de rayos de sol desde aquí, en la zona abismal de profunda tristeza. *¿Cómo llegué aquí? Debería haberlo sabido mejor. Debería haberlo visto.* Me revolqué allí. Me demoré porque no vi la esperanza prometida arriba. Me demoré por la vergüenza.

El dolor se acumuló en mi cabeza, inmovilizándome, miles de libras me inmovilizaron. Pero entonces le grité. Llamé Su nombre. Llamé, y Él vino, Su mano gentil me alcanzó, diciéndome: "Por aquí. Estoy aquí. Quédate cerca de <u>Mi</u> lado. Voy a hacer algo increíble, solo mira. Y no sueltes <u>Mi</u> mano".

El Creador de Milagros está aquí.

Él está de pie en la superficie del mar y te llama por tu nombre.

Capítulo 6
El Miedo se Convierte en Aventura

Piamonte, Misuri

La fría mañana hacía que las calles se vieran tan brillantes como el cristal. Aun así, papá había prometido que iba a recoger a un hombre de la iglesia, y él no iba a dejar de cumplir su palabra. Así que, papá y yo nos pusimos en camino, en el Mercury, en un mundo en el que los árboles parecían cubiertos de vidrio triturado. Presioné mi cara contra la ventana, sintiéndome como si estuviera en un mundo de fantasía. Mis manos esparcieron el vaho helado formado por mi cálido aliento y el mundo exterior tan congelado. En Misuri no era usual este tipo de clima en el que el hielo parece vidrio triturado.

El coche comenzó a fallar. Daba la impresión de que no estaba acostumbrado al frío, ya que parecía tener hipo y tos, luego se detuvo, bien muerto, justo en medio de la calle. Papá dijo: "mmm. Esto no está bien, ¿Verdad, Pie de azúcar?"

Negué con la cabeza, con el estómago tan apretado como una bolsa llena de rocas, de repente. "¿Qué vas a hacer, papá?"

Giró la llave y comenzó a bombear el pedal, el coche solo hizo un montón de ruido; sin embargo, nunca comenzó a retumbar como de costumbre. "Bueno, Darlene, solo nos queda esperar a que algún alma caritativa pase y nos lleve gratis."

Antes de terminar la oración, uno de nuestros vecinos pasó junto a nuestro auto y se estacionó frente a nosotros, luego saltó de su camioneta y se inclinó un poco para mirar por la ventanilla del conductor. "¿Tiene un problema, Pastor?"

"De hecho, si. El auto de repente se murió."

"¿Murió?"

"Murió."

Retorcí el vestido en mis manos, no me gustaba la palabra "murió." ¿Por qué tenían que seguir diciendo esa palabra?

"Tengo una cadena de remolque," dijo el hombre. "Tal vez podría remolcarlo a su casa."

Papá asintió como si fuera la mejor idea y sonrió. "Parece que eso podría funcionar." Luego salió del auto y cerró la puerta de golpe contra el viento.

Los dos hombres trabajaron juntos, haciendo un montón de ruido con una cadena gruesa, me senté sola en el auto, escuchando sus voces murmurantes, deseando estar en casa porque el auto se estaba enfriando más y más. Subí mis rodillas hasta mi pecho y jalé hacia abajo mi vestido, luego envolví mis brazos alrededor de mis cortas piernas. Después de lo que parecieron dos mil millones de años, papá entró y tiró de la palanca hasta la marca "N," luego el vecino comenzó a conducir. Entonces fue como si papá y yo estuviéramos en un trineo, siendo arrastrados detrás del gran camión que teníamos adelante de nosotros. El camino helado hacía que el camión y nosotros nos moviéramos como si fuéramos dos peces en una gran fila larga en lugar de ser dos autos unidos por una cadena enorme.

El Mercury se movía de un lado a otro mientras la pierna de papá se movía de arriba hacia abajo, me pregunté qué estaba intentando hacer, mientras tanto la parte trasera de la camioneta parecía que se tragaría la parte delantera de nuestro auto de un solo golpe.

Me agaché, no quería ver cuando nuestro auto chocara contra el camión. Era evidente que el camino no quería que nos detuviéramos, solo que patináramos.

Cuando finalmente llegamos a la casa, aún siendo arrastrados como si estuviéramos siendo entregados por un lechero, papá se volvió hacia mí y sonrió, las líneas que rodeaban su boca y las arrugas al lado de sus ojos se profundizaron. "Vaya que esa fue una aventura, si es que alguna vez he tenido una." Luego comenzó a reír. "Estaba segura de que besaríamos la parte trasera de ese camión, pero de alguna manera no lo hicimos." Fue un poco divertido, ¿no?"

Asentí y toda la preocupación que había mantenido anudada en mi interior salió en una carcajada, dejando escapar la presión como si fuera la tapa de una botella de refresco. Papá y yo nos quedamos así por un rato, solo riéndonos y secándonos las lágrimas que nos provocaba la risa. Entonces supe que al lado de papá, incluso las cosas más aterradoras, podían convertirse en aventuras. Incluso los problemas podían convertirse en recuerdos felices.

Capítulo 7

Papá Arrodillado en el Altar

Piamonte, Misuri

La música eliminó parte de la tristeza que se había plantado dentro de mí y había crecido tan grande como un árbol. Entré en la fría oscuridad de la iglesia que estaba al lado de nuestra casa y me senté al piano, dejando que mis dedos dijeran las palabras y exhalaran el dolor. En esos momentos, me acordaba de Jesús y de su amor por mí. Lo creía porque papá me lo dijo, y él nunca mentía. Recordé que, sin importar lo mala que fuera una niña (dejar que los niños grandes hicieran cosas malas conmigo o causar problemas que hicieran que el rostro de mamá se pusiera tan oscuro como un libro para colorear cubierto de crayón negro), que Jesús murió en una cruz para decirme que me perdonaba. A veces, cuando estaba sola tocando música bonita, también lloraba. Sobre todo porque, aunque papá me amaba y Jesús me amaba, no sabía cómo ser lo suficientemente valiente como para hacer algo bueno con mi vida. Me sentía tan pequeña y débil, como un pequeño ratón en una gran trampa de metal.

Los sonidos matutinos todavía no comenzaban, solo papá, haciendo barullo, como era su forma habitual, incluso cuando hacía todo lo posible por estar en silencio. Me recosté en mi cama, mi habitación era tan oscura como el terciopelo, mientras escuchaba como arrastraba los pies, me gustaba el sonido familiar que hacía cuando se preparaba para empezar el día y se dirigía a la iglesia para orar. Eché un vistazo al pequeño reloj de carátula negra, sus manecillas brillantes decían que eran las 4:00. Salí de puntillas, mi pijama colgaba casi hasta el suelo, así que lo levanté con la punta de mis dedos y bajé los escalones para ver qué hacía papá, aunque siempre hacía lo mismo. Dejé la casa parroquial y mis pies golpearon el camino corto de grava hacia la iglesia, luego me deslicé hacia dentro y me coloqué en la banca trasera, apoyada en el asiento de madera en frente, con la barbilla apoyada en mis manos.

Papá se arrodilló ante el viejo altar de madera en la parte delantera, de espaldas a mí, con sus tirantes entrecruzados. Entonces habló en aquella gran habitación, con la cabeza inclinada como si hablara con su mejor amigo.

"Querido Señor, bendice a mi familia," dijo. Luego nos mencionó a todos y cada uno de nosotros. "Bendice a mi esposa. Tú conoces sus luchas. Tú sabes qué le lastima. Atiéndela, Jesús." Deseé que mamá escuchara las palabras de papá. Deseé que las escuchara y se sintiera satisfecha, en lugar de las quejas constantes que siempre expresaba, las cuales sonaban como clavos en una pizarra brillante. Papá dedicó algún tiempo orando por Paul y sus otros hijos adultos.

"Y bendice a Darlene, Señor." Un enorme nudo llenó mi garganta porque papá dijo mi nombre tan dulcemente que supe que me amaba por la forma en que lo dijo. "Tú sabes lo que está pasando en su vida en este momento, y sabes lo que necesita. Rezo para que le traigas paz y consuelo." Sentí que mis ojos se inundaban con lágrimas calientes, haciendo la imagen de mi papá, orando en el piso duro por *mí*, se volviera tambaleante y borrosa.

Me bajé de la banca y salí silenciosamente, corriendo por el pequeño estacionamiento rocoso, hacia la casa, subí las escaleras, y luego me metí de nuevo en mi cama.

REFLEXIONES: CANSADOS Y CON NECESIDAD DE DESCANSO

Los apóstoles se reunieron con Jesús y le contaron lo que habían hecho y enseñado. Y, como no tenían tiempo ni para comer, pues era tanta la gente que iba y venía, Jesús les dijo: "Vengan conmigo ustedes solos a un lugar tranquilo y descansen un poco."
—Marcos 6:30-31

Estaban cansados, los discípulos y Jesús. Días y días sirviendo como pastores bajo el caliente sol de Galilea. Sólo una persona más que necesita ayuda. Solo una sonrisa más, una palabra amable más.

¿Estás cansado? ¿Sientes como si tu fuerza flotara como una nube sobre una tierra seca y desértica? Jesús nos invita a venir con él a un lugar tranquilo y descansar. Sin embargo, eso requiere que nos movamos en su dirección, que nos alejemos de los problemas que casi nos entierran vivos. Lejos de la vergüenza, la fatiga, la ansiedad, el dolor, la desilusión, la impotencia, la ira y el miedo hacia Él. ¡Jesús! El dador de vida. El Creador de Milagros.

Él está llamando. Él está esperando. Aleja tus pasos de la multitud y el estrés, y dirígelos hacia la esperanza, la vida y la alegría que Él te quiere ofrecer. Eso solo lo encuentras en Su presencia, solo lo encuentras cuando pasas tiempo con Él. Tiempo suficiente para calmar las otras voces y escuchar las Suyas. Espacio suficiente para separar lo inminente de lo trascendente.

Jesús espera, con su mano extendida hacia la nuestra y sonríe. Él dice: "Ven y descansa conmigo." Al igual que papá dedicó un tiempo para estar con su Señor, estamos invitados a hacer lo mismo.

Él te dice. Te amo, y quiero atender tu corazón. Tú me importas mucho.

Capítulo 8

Mamá con una Pistola

Fredericktown, Misuri

Mamá hizo nuestra vestimenta: cuatro vestidos con línea A a juego, con una multitud de flores azules. Todas estábamos juntas, mis amigas y yo, hombro con hombro. Habíamos conducido una hora en el vehículo de mamá y papá hasta la estación de televisión de Cape Girardeau. Las Harmonettes, como nos llamábamos a nosotras mismas, habíamos sido invitadas a cantar ante una audiencia en vivo en su estudio. Así lo hicimos, con nuestro esponjado flequillo ondulado y una sonrisa. Miré hacia el lugar donde se sentaban mis padres, orgullosos como dos gallinas que observaban cómo crecen las plumas de sus polluelos, incluso mamá sonrió, se rió y aplaudió. Y cantamos nuestras armonías de cuatro partes ante una cámara torpe, cantando alabanzas a Dios.

Nuestro grupo de canto a menudo pasaba las noches en mi sala, entrelazando la armonía con la guitarra de Paul, conmigo en el viejo piano vertical.

¿Qué les parece, *"No Llevaría Nada Para Mi Viaje Ahora?"*, dijo Mamá desde su sillón, salido y al lado de donde amontonábamos las chicas.

Las palabras eliminaron el silencio de la habitación, diciendo algo de mi dolor oculto.

"He tenido mucha angustia y he encontrado mucho dolor y pena. Pero cuando tropezara, entonces me humillaría. Y allí diría gracias al Señor."

Miré a mamá, sentada en su lugar en la esquina, con la cabeza apoyada hacia atrás, con los brazos hacia abajo y las manos apoyadas en sus piernas, los ojos cerrados y la frente normalmente arrugada, relajada. *¿Qué estará pensando? ¿Cambiaría algo de su vida? ¿Desearía que fuera diferente?*

Y por enésima vez, me hice preguntas respecto a ella, me pregunté de dónde procedía su inestabilidad. ¿Alguna vez compartió eso con Jesús? ¿Alguna vez ella reconoció Su cercanía realmente? ¿Por qué la tristeza? ¿Por qué el desconsuelo? ¿Por qué las palabras que sonaban tan enojadas tan a menudo?

Sin embargo, por ese momento, en esa pequeña sala con nosotras y Paul elevando nuestras palabras al cielo, cantamos y ella nos escuchó, dejando que las palabras calmaran algo en lo más profundo de su ser, estaba en paz.

Sin embargo, también habían entrelazadas unas señales de que algo estaba roto dentro de mamá. Entré a la casa, apilando mi montón de libros escolares sobre la mesa de la cocina. Mamá no levantó la vista ni me saludó o preguntó cómo me había ido, solo estaba en la cocina, silenciosa como una piedra, revolviendo una olla, como si fuera un robot sin sentimientos.

A veces dejaba de hacer lo que estaba haciendo, regresaba a su habitación y cerraba la puerta... El olor de algo quemándose saludó a papá cuando entró a casa. Como si fuera tan natural como respirar, caminó hacia donde había estado parada mamá, retiró la olla de comida quemada, la puso bajo el grifo para que se llenara de agua y comenzó a preparar una nueva cena.

Una tarde, todos estábamos trabajando en el patio, la luz del sol quitaba la humedad de la ropa que habíamos lavado y exprimido. Luego, colgamos la ropa en un largo tendedero. Mamá se paró a un lado, con los brazos cruzados sobre su abultado estómago, y frunció el ceño. Algo la había irritado y papá había estado sufriendo las consecuencias de su diatriba hasta que él la terminó con un suave, "ya es suficiente, Audrey."

Después de eso, ella ya no quiso ayudar; sin embargo, no nos haría el favor de simplemente irse. No, eso no nos haría saber su punto de vista. Eso no sería suficiente castigo.

Una furia caliente hizo que mis mejillas se sonrojaran, y le dije en voz baja a papá, quien apretó el mango del exprimidor. "¿Por qué lo soportas? ¿Por qué te quedas con ella sin importar que haga?"

Papá dejó de hacer lo que estaba haciendo, me miró con los ojos llenos de comprensión, pero también con una fuerza profunda, y dijo: "Ella es mi esposa, Darlene."

Papá no estaba en casa ese día. Tampoco Paul. La casa se sentía con una especie de silencio sobrecogedor. Caminé desde la sala, a través de la cocina, luego regresé y caminé hacia la habitación de mamá y papá. El lugar estaba vacío y en silencio, excepto por el tic-tic-tic-tic del reloj posado en su mesilla.

"¿Mamá?" Dije.

Silencio.

La puerta del baño estaba cerrada, y jalé la manija. Tenía puesto el seguro. "¿Mamá?"

La escuché arrastrarse como si se deslizara por el suelo. "¡Vete, Darlene!" Su voz sacudió la falta de ruido.

"¡¿Por qué?! ¿Qué pasa, mamá?"

"Solo vete. ¡No deberías estar aquí!" Su voz sonaba estrangulada y aguda.

Presioné una oreja contra la madera, tratando de determinar algo, cualquier cosa, para ayudarme a entender lo que estaba pasando. "¿Por qué estás ahí? ¿Qué pasa?"

Mamá gruñó: "¡Porque quiero morir!" Podía escuchar los silenciosos sollozos a través de la pared. *Y a través de mí.* Mis manos frotándose contra el marco de madera. Su cabeza golpeaba contra la puerta, era un golpe triste.

Sacudí la manija. "¡No digas eso!" Empujé mi hombro contra la puerta. "¡No deberías decir eso, mamá!"

Ella gritó: "¡Voy a volarme los sesos! ¡Lo haré! ¡Ya no quiero vivir!"

Entonces me di cuenta ... Mamá debía haber tomado la escopeta que papá usaba para cazar, y luego se había encerrado en aquella pequeña habitación.

Algo ácido llenó mi garganta. "No, no, no. ¡Por favor, Mamá! ¡Por favor!" Me imaginé el linóleo cubierto con la sangre de mamá. Me imaginé su rostro, flácido y sin vida. "¡Por favor, Mamá!" Golpeé la puerta con mi puño, esto hizo que me doliera la piel.

Pero ella no me escuchaba. O por lo menos no me respondía. Se reanudó el silencio. Me sentí abatida, con la cabeza apoyada contra la puerta, las manos extendidas como abanicos, escuchando y rezando para que mi pobre y enferma mamá no se quitara la vida este día.

Mamá vivió, pero el velo de oscuridad que llevaba consigo nunca se levantó. El dolor de un antiguo dolor nunca abandonó sus ojos, y ella nunca desperdició palabras en bondades triviales. Ella y papi eran como el amanecer es al atardecer, así de esa manera, él desperdiciaba su amor como si tuviera un suministro infinito. Con mamá, era como si ella no tuviera ni siquiera lo suficiente como para sonreír o para abrazarme. Era como si no tuviera la menor idea de cómo llenarse con el amor que solo Jesús podía dar, para que este luego se derramara sobre los demás.

En la iglesia me paré tantos domingos mientras las lágrimas corrían por mi rostro, cantándole a Dios. Hablándole sobre la tristeza, hablándole de ese día terrible en que mamá casi se fue para siempre. Y supe que Él me escuchó. Él escuchó y lloró conmigo, y me recordó una y otra vez, como las olas golpeando mis piernas, Su amor. Su amor, que sabía que estaba impregnado a través de mí y en mí, tratando de curar los puntos de dolor, diciéndome que le pertenecía a Él pasara lo que pasara. Venga lo que venga.

Capítulo 9

Debilidad y Votos

Salem, Misuri

Papá pastoreaba a los fieles que asistían a su iglesia, la cual ahora se encontraba en donde estaba nuestro antiguo sótano. En el servicio del domingo por la noche, durante mi primer año de preparatoria, conocí a Joe. Alto, con el cabello color arena, peinado hacia atrás cayéndole a los lados, suelto y peligroso por la mitad, sus ojos parecían bailar con un poco de alegría secreta.

"Hola," dijo mientras extendía una gran mano, le ofrecí la mía, envolviéndome por completo con el tirón de ese primer saludo. "Soy Joe." Sonrió y esperó mi respuesta.

"Darlene," dije, con menos confianza de lo que pretendía. Quería que mi brillo igualara el suyo, pero no podía. Me aclaré la garganta. "Darlene Hassell. Mi papá es el pastor."

Miró por encima de su hombro hacia donde estaba mi padre, estrechando las manos de los feligreses, su voz ofrecía una palabra amable a cada uno de ellos, lo suficientemente fuerte y sonora como para que la escucháramos.

"Bueno, es un placer conocerte, hija del Pastor." Y guiño un ojo.

Cuando se fue, la habitación se sintió un poco más oscura, como si las focos se hubieran reducido a un voltaje más bajo.

Joe comenzó a asistir regularmente a la iglesia de papá con su madre, una mujer devota, llena de Jesús. Descubrí que Joe no tenía eso, nunca había ofrecido su vida al Señor. Sin embargo, eso no me impidió sentirme atraída hacia él.

"¿Puedo invitarte a salir alguna vez? Tal vez podríamos ir a comer hamburguesas o algo así." De nuevo, con esa sonrisa que encendía el fuego de mis entrañas.

"Me gustaría eso," dije, sintiendo mi cara como si se hubiera calentado frente a una fogata.

Joe me recogió en su Ford '54, lo tenía desde que tenía 16 años y podía conducir. Me sentí más alta y más femenina, sentada a su lado, con la mano agarrando el volante, hablando mientras conducía, como si no le importara el mundo. Me pregunté si sabía que todavía no cumplía 15 años. Me senté muy derecha y crucé mis manos sobre mis rodillas, escuchando mientras hablaba sobre el negocio de tala de árboles de su padre, sobre sus locos hermanos que vivían vidas alocadas y sobre cómo quería ser diferente. Quería ser él mismo.

Observé su perfil mientras hablaba, observé su sonrisa y decidí que algo nuevo me estaba sucediendo. Me sumergí en esa sensación, era como un horno calentando una hornada de masa de galletas recién hecha. Volteó hacia mí, sus cejas se juntaron un poco en medio.

"Me gustas, Darlene. Gracias por escucharme." Miró el camino por el parabrisas delantero mientras conducía, y luego me echó un vistazo. "Me gustas mucho."

Asentí, "Tú también me gustas, Joe."

Después de eso, el único sonido que se escuchó era el del motor y el de los neumáticos zumbando en el camino, y mi pecho golpeando, asustado y emocionado al mismo tiempo. Joe pasó por el juzgado y por la tienda de música, hasta la calle donde se estacionaban sus amigos, estaban charlando y se reían demasiado fuerte. Tocó el claxon y agitó su brazo libre por la ventana, y la gente que pasamos gritó: "¡Hola, Joe!"

Y yo era parte de ello. Ya había crecido y ahora estaba incluida en su círculo. A su luz, yo también me sentía más brillante.

El tiempo suavizó y calmó los viejos dolores, repelidos por las atenciones y presencia de Joe. Estábamos "juntos" exclusivamente y llevábamos saliendo casi un año.

Se detuvo en un mirador, apagó el motor y los faros, y se quedó allí sentado, contemplando la pequeña ciudad de Salem, cuyas luces salpicaban el horizonte. El viento susurró a través de la ventana, bajando por todo el camino. Extendí mi mano para sentir la brisa, sintiendo el cosquilleo, disfrutando de la paz.

Joe se volvió hacia mí, la oscuridad ensombrecía su rostro, pero no tanto como para que no pudiera ver esos rasgos que había llegado a amar. "Eres muy hermosa." Pasó su mano por mi cabello. "Te amo." Enseguida se inclinó, presionando su boca contra la mía. Sus manos se movieron nerviosas en la parte trasera de mi cabello, suavemente al principio, pero cuando nos besamos, parecían apretarme con más fuerza, definiendo así la urgencia de sus movimientos. Permitió que sus manos recorrieran mi cuerpo, yo retrocedí y sacudí la cabeza.

"No podemos, Joe. Ya hemos hablado de esto."

"Por favor," susurró.

Todo en mí me jalaba en direcciones opuestas. Una parte de mi anhelaba ofrecerle todo a Joe, y al mismo tiempo otra parte recordaba toda una vida de enseñanzas que me hablaba con la voz de mi padre, palabras Bíblicas que sabía que eran eternas, diciéndome que debíamos ser cuidadosos y no compartir demasiado antes del matrimonio y mantenernos puros ante el Padre celestial que todo lo ve, que todo lo sabe, pero que de todos modos ama todo.

"Simplemente no puedo," dije incluso mientras el aliento de Joe bailaba por mi cuello, debilitando mi resolución. Retrocedió, y una nube oscura se deslizó entre nosotros.

Se dio la vuelta, giró la llave de encendido, el motor rugió contra el silencio mientras se retiraba rápidamente de nuestro lugar, llevándome a casa con la música ensordecedora de su decepción.

La noche siguiente su mamá llamó. "Darlene, Joe salió esta noche." Hizo una pausa. "Con su hermano, su esposa y Trudy." Había oído hablar de ella. Conocía su reputación de que hacía todas las cosas que le había dicho a Joe que yo no haría. *Tal vez si no lo hubiera rechazado, él no habría salido con alguien como ella.* "Darlene, no mereces que te traten de esta manera. Mereces algo mejor." Finalizó su llamada con: "Pensé que deberías saberlo."

La siguiente vez que Joe y yo estuvimos juntos fue como si nada hubiera ocurrido. Como si no me hubiera dejado, como si su ira no hubiera llenado la cabina del coche. Como si no hubiera salido con una chica con moral dudosa. Siguió presionándome para que me acostara con él.

La escena se repitió una y otra vez, mi "no" se volvió menos firme, menos seguro. *Dale lo que quiere. Eres afortunada de tenerlo. Regresará con alguien como Trudy si no le dices que sí.* Y finalmente, cuando me volvió a presionar, mientras acariciaba mi cuerpo, susurrando palabras de amor en mi oído, se lo permití. Le permití ser parte de mi ser, y mientras estaba sucediendo, supe que estaba mal. Mis lágrimas querían salir, y me dolía la garganta como si me hubieran golpeado.

Después, Joe me apartó el pelo de la cara y me dijo que estaba bien. Que me amaba, y que nunca me haría daño. Yo le creí.

Papá siempre me llevaba al médico para que revisara mis problemas femeninos. Como era anémica, estaba acostumbrada a que mi ciclo fuera esporádico, a la debilidad y al malestar. Entonces, cuando sentí que la habitación daba vueltas cada vez que me paraba, y comencé a ver puntos negros y brillantes, supe que tenía que ver al médico. Tal vez las pastillas de hierro no funcionaban y mi recuento de glóbulos rojos era bajo.

Me senté en la camilla para exploración médica, el forro de papel crujía cada vez que me movía. Mi médico ya había realizado la extracción de sangre normal, mientras tanto yo esperaba incómoda, el silencio de la habitación solo era roto por el tic, tic, tic, tic del pequeño reloj de pared.

El médico se sentó frente a mí en su silla con ruedas, se miró las manos y luego hacia arriba, sus ojos mostraban cierto pesar o tal vez preocupación. "Darlene, estás embarazada."

Sentí un hormigueo salpicando mis labios, luego bajó por mi cuello, se deslizó sobre mis hombros y bajó hasta mis dedos. *Oh, Jesús, no. ¿Qué voy a hacer, qué voy a hacer?* Negué con la cabeza, con los ojos pegados al suelo, a un lugar en la baldosa que parecía deformarse y moverse como si fuera una mancha. La habitación se llenó de blanco, borrando las paredes y el equipo colocado a lo largo de un mostrador, borrando mis manos que anudaban mi camisa como si no estuvieran unidas a mi cuerpo. *Jesús, ayúdame*. Sentía que las lágrimas ardían contra mi garganta. Negué de nuevo con la cabeza. No. No es cierto. *No puedo estar embarazada.*

La voz del doctor se escuchaba como si viniera desde el final de un túnel a un millón de millas de distancia. "Darlene, ¿quieres que vaya a hablar con tu papá?"

Todavía no podía mirarlo porque me sentía como un trapo sucio pasando sobre el motor de un auto mojado. *Todo esto es culpa tuya. Eres un debilucha.* Logré asentir, y él salió. Sus zapatos se retiraron a través de la grieta de la puerta, luego la cerró, el silencio se tragó un sollozo que ya no pude contener más.

La puerta se abrió. Unos zapatos chirriaron contra el suelo. Unas manos cálidas me apretaron los hombros y la voz de papá dijo: "Superaremos esto." Entonces me incliné hacia adelante, mi llanto salió desaforado.

"Lo siento mucho, papá. Lo siento mucho." Sabía la vergüenza que había creado. Como era el pastor, la gente esperaba más de él, de su hija. Sabía que debía estar conteniendo su decepción como si fuera una pared que contenía una inundación repentina.

Sin embargo, él solo oró y me frotó la espalda, y me dijo una y otra vez: "Superaremos esto. Vamos a superar esto."

Durante el camino a casa, dije: "Mamá me va a matar." Me imaginé su rostro contraído por la decepción. El ceño fruncido. Su mirada de sospecha, como si yo lo hubiera planeado todo el tiempo. "No sé qué vamos a hacer." Dije "vamos" porque muy dentro de mi pecho sabía, profundamente en el espacio oculto que contenía ese pequeño destello de luz, que papá estaba en esto conmigo.

El auto salió en ángulo por la calle, las ruedas crujieron sobre el asfalto y se detuvieron frente a la gran iglesia bautista de la calle McArthur. Papá se volvió hacia mí. "Darlene, en este caso tenemos que hacer lo correcto.

Debilidad y Votos

Tenemos que decirle a Joe y sus padres. Luego te quedarás con ellos e iré a hablar con tu mamá." Su voz calmó el golpeteo de mi pecho, en mi garganta, las lágrimas que se conjuraban con el simple pensamiento de la ira que desataría mamá.

El trayecto a la casa de Joe en las afueras de la ciudad pareció durar una eternidad, pero finalmente llegamos a su entrada. Entramos a la casa de Joe, su papá estaba sentado en el sillón reclinable, su dulce madre estaba de pie en la sala con un delantal sobre su vestido, y Joe con las manos en los bolsillos mirando hacia atrás y adelante, entre papá y yo, como si pudiera descifrar el enigma de esa manera.

Me aclaré la garganta y miré a Joe. "Estoy embarazada." Silencio. Silencioso como una tumba. Silencioso como el miedo.

Joe dio un paso adelante como si quisiera tocarme, luego dejó caer la mano como si se hubiera dado cuenta de que eso era lo que nos había metido en este lío en primer lugar. Su papá no se movió, ni habló. Sin embargo, su mamá se movió hacia mí, ofreciéndome un abrazo.

Papá le dijo a Joe: "No vine aquí para decirte que quiero que te cases con mi hija. Solo queremos hacer lo correcto."

La mamá de Joe dijo: "Vamos a tener un pequeño Joe," como si hubiera estado conteniendo la alegría que le trajo la noticia, en lugar de la vergüenza que yo esperaba.

"Por supuesto que quiero casarme con ella," dijo Joe, como si hubiera estado aturdido y se hubiera tomado un momento para superarlo. "Por supuesto, quiero a este bebé."

Papá asintió y luego se fue silenciosamente para enfrentar a mamá.

Horas más tarde, Joe se detuvo ante nuestra entrada. Me bajé del auto y luego entré a la casa. Mamá y papá estaban allí, en la sala. Ella era una nube sin lluvia, él era el sol. Se puso de pie y me miró, con las manos apretadas como una bola.

"¿Cómo pudiste hacerme esto? ¿Cómo pudiste avergonzar así a esta familia?" Dió un paso hacia adelante, su voz se elevó como si fuera una tormenta. "¡¿Por qué?!" ella gritó. "¡¿Por qué hiciste algo tan denigrante?!"

Papá se interpuso entre nosotras, como si fuera un escudo que me protegía contra una granizada. Se volvió hacia mamá. "Suficiente. No marques a nuestro nieto con tus palabras de enojo."

En ese momento, conocí más que nunca el amor del Señor lleno de Gracia. Lo supe al ver la mandíbula de papá. En la forma en que me estaba bloqueando de ella. En su amor a pesar de mi fracaso. Entonces supe que él amaba a mi bebé incluso más que yo todavía. Ya lo amaba. Sin haberlo visto. Algo abrasador llenó mi pecho. Un amor devuelto con tanta ferocidad que llenó mis ojos de lágrimas y mis entrañas con el conocimiento de que con él a mi lado, nada podría destruirme. Ni siquiera mamá.

Joe y yo nos casamos un mes después. Papá celebró la ceremonia y solo asistieron unos pocos miembros de la familia. Mamá se recuperó y me llevó a buscar un vestido blanco que me llegaba a las rodillas y un velo pequeño. Así que me quedé parada allí, flaca y sin que se me notara el embarazo; sin embargo, de todos modos estaba segura de que todos lo sabían. Había abandonado la escuela a los quince años, así que, ¿por qué no lo sabrían?

Dios, ¿cómo puedo serte de utilidad ahora? No soy nada. Además, estoy tan llena de pena por haberte afligido. Estoy llena de debilidad. Y me siento rebosante de miedo. ¿Cómo Podrías usar a alguien como yo? ¿Cómo?

REFLEXIONES: MULTITUDES, DESESPERADAS POR JESÚS

Así que se fueron solos en la barca a un lugar solitario. Pero muchos que los vieron salir los reconocieron y, desde todos los poblados, corrieron por tierra hasta allá y llegaron antes que ellos. Cuando Jesús desembarcó y vio tanta gente, tuvo compasión de ellos, porque eran como ovejas sin pastor. Así que comenzó a enseñarles muchas cosas.

—Marcos 6:32-34

Las personas desesperadas hacen cosas desesperadas. En este día en un pueblo cerca del mar de Galilea, se corrió la voz. Jesús estaba allí, y estaba sanando a la gente. Multitudes se reunieron alrededor de Jesús, como un hombre enfermo que necesita una cura. Estas personas, de todas las posiciones sociales, siguieron a Jesús, ¡y siguieron a los discípulos para ver qué sucedería!

Y aunque Jesús y sus discípulos estaban demasiado cansados como para atenderlos, el Salvador tuvo compasión. Cuando miró a aquella multitud de personas, no vio un borrón de color. Vio sus rostros, sus arrugas de preocupación, la piel fruncida entre sus ojos y también vio su interior. Vio sus problemas, su dolor, y no lo pudo resistir. No pudo decepcionarlos.

Nunca rechazó a un alma que lo buscaba. Es por eso que vino en primer lugar. En medio de mi vergüenza, Jesús levantó mi barbilla y dijo: "Estoy aquí, Darlene. No pasarás por esto sola." Mis pasos en falso no desharían su amor, ni los que ya había hecho ni los que vendrían.

Jesús trata de alcanzarnos a toda costa, incluso hasta la muerte.

Así que nunca tengas miedo de simplemente manifestarte. Tal vez podrías ser testigo de un milagro.

Capítulo 10
El Sol y los Rayos

Salem, Misuri

El embarazo redondeó mi cuerpo, y mi pequeño cuerpo dio paso a la vida presionando contra mí desde adentro hacia afuera. Y eso es lo que también me hizo a mí: infundirme vida desde la mitad de mí, haciéndola fluir hacia afuera. Trabajé como camarera en el restaurante Village Inn, tomando las ordenes de los clientes y balanceándome de regreso a la cocina con los pedidos; hasta que una noche, después de muchas horas de intenso trabajo de parto, llegó nuestro bebé, los pulmones lloraban a gritos en la habitación blanca y brillante del hospital. Lo sostuve contra mi pecho, sintiendo que el latido de su corazón se aceleraba con el mío, su rostro era la imagen de la perfección. Ese momento me dijo que incluso de mi debilidad podían ocurrir milagros. Joe lloró cuando sostuvo a nuestro hijo, la culminación de nuestra unidad evidenciada en nuestro pequeño niño.

Sin embargo, la maternidad no siempre fue fácil, aunque amar a Joeie sí. Recé por él mientras gruñía y se retorcía en su cuna. "Jesús, Tú conoces sus días. Gracias por este regalo. Ayúdame a amarlo como Tú me amas. De manera total y absoluta."

Joeie siguió llorando, horas después, a pesar de todos mis esfuerzos. Sólo una pequeña lámpara rompía el negro grisáceo de la habitación delantera. El reloj de pared marcaba las 2 a.m. La cara roja de Joeie me rompió el corazón y lo arrullé, frotando su barriga con mi mano cálida. Llamé a papá porque Joe no sabía cómo cuidar a los bebés y porque el agotamiento me hizo sentir que estaba a punto de colapsar. Se escuchó un golpe a través del llanto de mi bebé.

Papá entró y dijo: "Bueno, ¿qué pasa, hombrecito?" Extendió la mano y le ofreció una sonrisa amable, cargó a mi hijo, sacó una bolsa con agua caliente del bolsillo de su abrigo y se la colocó sobre el antebrazo. Luego puso a Joeie, con la barriga sobre la bolsa, acunando su diminuto rostro en la mano y luego comenzó a pasearse por la habitación, frotándole su pequeña espalda y cantando suavemente. Me miró en donde estaba parada, pensando en echarme en el suelo y dormir como un perro en el piso alfombrado de la sala, y me dijo: "Darlene, ve y descansa un poco. Vamos a estar bien." Me quedé parada allí, sintiéndome culpable por dejar que mi papá hiciera mi trabajo, pero la fatiga ganó la discusión que había dentro de mí.

Las lágrimas cerraron mi garganta y asentí. "Gracias papá." Regresé a mi habitación arrastrando los pies en nuestra pequeña casa y cerré la puerta, subiéndome a la cama junto a un Joe que estaba roncando y me puse una almohada en la cabeza.

Pensé en el tipo de amor de papá, de la clase de amor gentil que te dice, "descansa un poco." *Eso es amor verdadero.* Y me quedé dormida escuchando el hermoso sonido de sus pies caminando por la sala mientras oraba en voz baja, y el llanto mitigado de mi bebé.

El Sol y los Rayos

Los estados de ánimo de Joe oscilaban entre el brillo casi cegador y el alivio. Me pregunté con quién me encontraría en la puerta después de un largo día de trabajo en el negocio de tala de árboles de su padre. Algunos días eran muy dulces, me jalaba para besarme y me susurraba: "Me encanta tu cabello. Te ves hermosa," su sonrisa transformaba su rostro. Y otros, eran los días de los gritos, cuando la vida debió de haberlo presionado demasiado, y me hacía pedazos con una sola frase. "Eres una inútil."

Esas palabras, esas palabras desgarradoras, encajaban bien con lo que yo ya creía que era cierto: que mis propias ansiedades y deficiencias probaban que nunca podría ser útil para Dios. Me costaba trabajo consolar a mi pequeño niño. Nunca estuve a la altura de las expectativas de mi mamá. Y ahora Joe hacía eco del dolor con un apretón punzante y un dejo de decepción.

Joe se apoyó en la secadora más cercana en la lavandería, mirando sus zapatos. Me había salido de mi turno en el trabajo, y el lavado no podía esperar. El murmullo de la ropa dando vueltas y vueltas en las máquinas que bordeaban la pared me calmó. Este era uno de esos días de mal humor de Joe, cuando nada de lo que decía le parecía bien.

Su hermano, Bill, metió algunas monedas en la ranura de una lavadora en la esquina más alejada y presionó el botón de inicio. El silbido del rocío del agua silenciaba el sonido de mis pensamientos. Cuando la lavadora zumbó anunciando que nuestra carga estaba lista, metí la mano y comencé a sacar la ropa mojada. Sin embargo, cuando dejé caer un montón de ropa en el suelo, Joe estaba allí para ponerme en mi lugar.

Agarró mi brazo y apretó la suave piel con tanta violencia que supe que me saldría un moretón.

"¡¿Qué demonios estás tratando de hacer?!" Su voz atajó el zumbido. "¿No puedes hacer nada bien?"

Murmuré una disculpa, estaba de acuerdo con lo que me dijo. Todo lo estropeaba. Me agaché para limpiar mi desorden, colocando la ropa en la cesta con más cuidado esta vez.

Pero entonces Bill se acercó, con las manos apretadas en puños, y se acercó lo suficiente a mi marido como para transmitir su mensaje sin hacer una escena. "Nunca vuelvas a ponerle las manos encima, Joe. ¿Entendiste?" Sus ojos hervían con una violencia apenas contenida.

Joe asintió, tomó un montón de ropa mojada, y la llevó a la secadora. Cerró de golpe la puerta y se acercó a una silla al otro lado de la lavandería donde podía mirarme sin que su hermano lo viera.

Capítulo 11

Mentiras

San Luis, Misuri

Mi vientre se llenó de nueva vida una vez más, aunque mis pies caminaban por nuestro nuevo apartamento cerca de San Luis, hinchados y adoloridos, lejos de Salem, y del consuelo que solo parecía traer papá. Joe tuvo que encontrar trabajo y había entrado en la *American Can Company* gracias a una conexión con el marido de mi hermana mayor Faye; Al, que también trabajaba allí.

Yo trabajaba en el centro comercial, tratando de ayudar con los gastos de la vida. Cuando Tamie llegó, la placenta salió primero, vacía y colgando de manera extraña como si fuera una bolsa de comestibles. Pero entonces, mi niña llegó, gritando con todo el aire en sus pulmones, y una nueva ola de amor llenó mi pecho. *¿Cómo puedo amarlos tanto a los dos? Gracias, Jesús, por el precioso regalo de mis hijos. A pesar de mi. A pesar de mis fallas siempre presentes, lo hiciste.*

"¿Qué son estos moretones, Darlene?"

Mi cuñado, Al, volteó la espalda de Joeie hacia mí, y justo encima de su pequeño trasero había una gran mancha color azul púrpura. Sacudí la cabeza, pinchazos de pena salpicaron mis labios, mi cara, mis brazos.

"Oh, se cayó." La mentira instaló un odio tan instantáneo hacia mí en mi pecho, que bien podría haber sido un clavo en mi ataúd. Me morí un poco ese día porque sabía cuáles deberían ser los colores de su piel pálida.

La causa era Joe y su mano pesada de disciplina, ya fuera con un grueso cinturón de cuero o con la palma de la mano sobre su suave piel. Así era como su propio papá había manejado el comportamiento de su hijo. Eso, y semanas de silencio castigador. Pero no en el caso de Joe, su decepción se manifestaba en voz alta y con el chasquido del cuero sobre la piel. Pero también hubiera podido tomarle la mano, evitando que la correa tocara la piel de mi hijo de tres años, pero lo dejé hacerlo. El miedo me impedía interceder, y el miedo me impedía expresar mi angustia. Me impedía proteger a mi hijo.

Me aparté de la mirada inquisitiva de Al, sabiendo que debía ver la palabra "MENTIROSA" parpadeando como si fuera un letrero de neón.

Capítulo 12

Colgando sobre el Cañón

Palabras de Joeie

San Luis, Misuri

A veces, papá era tan divertido como una tormenta de verano, salpicando todo y riendo. A veces parecía que podría lanzar un rayo en mi cabeza si no hacía las cosas bien. Parecía que nunca podría estar segura de saber si estaría contento o enojado conmigo.

Escuché el ruido de su motor afuera y lo miré por encima del alféizar de la ventana, saliendo de su auto. Observé cómo cerraba la puerta. *¿Demasiado duro? ¿O, perfectamente? ¿Su cara está fruncida o suave y sonriente?* Luego corrí a mi habitación antes de que abriera la puerta principal, porque quería asegurarme de que el papá que caminaba fuera del tipo que jugaba bien conmigo y no me golpeaba con su gran hebilla cuando decía algo estúpido. Parecía que siempre hacía algo estúpido. Cuando él estaba cerca, tan alto como el árbol más alto, siempre me hacía sentir confundido por dentro. *¿Cómo es que lo amo tanto algunos días, y otros, desearía que simplemente nos dejara solos a mamá, a Tamie y a mí?*

La puerta se cerró de golpe y esperé. Escuché su voz murmurar contra la de mamá y el nudo apretado en mi estómago se aflojó un milímetro.

Asomé la cabeza por la puerta y luego salí de puntillas. Luego asomé la cabeza a la esquina de la sala donde estaban sentados, platicando.

"¡Hola, amigo!" Dijo, alcanzándome. Entonces lo supe, hoy, era el papá del tipo agradable. Del tipo que deseaba que fuera todos los días.

Papá levantó los puños con los grandes y redondeados guantes de boxeo balanceándose frente a su cara. "Tienes que hacer el jab de esta manera." Me mostró cómo hacerlo cerca de mi cara y sentí que el aire pasaba a mi lado.

Lo intenté un rato, luego me dijo: "Vamos a hacerlo de verdad, hijo."

Se rió cuando salté a su alrededor, como un verdadero profesional. Me lancé hacia adelante y le golpeé el hombro y él levantó sus guantes para bloquear el golpe. Luego me golpeó con tanta fuerza en la cara que toda la habitación brilló y ennegreció, me caí, la habitación se sumergió en la oscuridad.

Luego, un alfilerazo de color blanco se extendió hasta formar un círculo del tamaño de una pelota de béisbol hasta que parpadeé y miré hacia arriba. Papá se paró encima de mí sonriendo como si acabara de ganar. Sin embargo, yo no pensé que fuera demasiado divertido. Además, la única razón por la que me noqueó era porque solo tenía cuatro años y él era más viejo y más grande.

Las lágrimas llenaron mis ojos y las limpié con la parte trasera de mi guante.

"No te golpeé tan fuerte. Deja de ser un bebé."

Sabía que no tenía caso discutir. A papá no le gustaba. Ni siquiera cuando estábamos jugando.

Colgando sobre el Cañón

A veces, papá pensaba que sus chistes eran divertidos, pero yo no lo creía. Fuimos al Gran Cañón cuando tenía nueve años, corrí arriba y abajo por las banquetas cerca de la barandilla de metal, hasta que mamá me dijo que fuera a su lado. Me tendió una mano cálida y me dijo: "Quédate cerca, hijo."

Miré por el costado, y mi vista cayó abajo, abajo, abajo, tan lejos que solo podía ver la serpiente diminuta de un río en el fondo, serpenteando a través de las rocas anaranjadas. La imagen hizo que mis ojos hiciera bizcos y presioné mi cara contra el costado de mamá por un segundo. No estaba asustado. Simplemente no me gustaba mirar hacia abajo tanto tiempo.

Papá me levantó de la cintura y me levantó más y más alto, haciéndome girar de lado a lado, caminando más cerca del borde por la inestable valla metálica. "¿Tienes miedo?" Se rió, luego sacudió sus brazos hacia adelante para que mis piernas colgaran como cuerdas fuera de la única protección que tenía. Me sentí como un insecto que se retorcía sobre el cañón.

"¡Detente, Joe!" Dijo Mamá, su voz sonaba como si alguien tuviera sus manos alrededor de su garganta. "Por favor, ¡eso no es gracioso!" Miré sus ojos oscuros, sus cejas fruncidas formando una protuberancia.

Papá siguió riéndose. "¿Y si te suelto?" Dijo papá, con la cara roja y sonriendo como si fuera el mejor momento de nuestro viaje.

Me quedé colgado tan quieto como pude, a pesar de que quería gritar. Era probable que si me movía me dejara caer. Sentí como si alguien hubiera encendido un petardo dentro de mi barriga y tragué, porque sabía que si lloraba mi papá se iba a reír más, y tal vez me soltara y podría caer hasta el río, y desaparecer como un insecto en mi espalda. Tal vez eso es lo que quería. Tal vez yo no le gustaba en absoluto, y solo me estaba diciendo lo que podría pasar si no le importara. La próxima vez, me iría y no volvería jamás.

"¡Basta!" Gritó Mamá y fue por mi.

Papá volvió a meterme dentro de la cerca y gruñó. "Sólo estaba bromeando, Darlene."

Capítulo 13

Demonios Esperando en las Galeras

Salem, Misuri

Mi tercer embarazo fue difícil y sufrí toxemia. Entonces nació mi niña, Tiffany, y el dolor hizo eco y luego desapareció. La fábrica donde ahora trabajaba Joe, en Rolla, Misuri, cerró sus puertas, pero no antes de que Joe aceptara a Jesús en su vida. Lloró como nunca lo había visto llorar, tan lleno de arrepentimiento y agradecimiento. Después de regresar a Salem, los niños y yo siempre asistíamos a la iglesia donde pastoreaba papá. Antes de la experiencia que cambió la vida de Joe, se había quedado en casa, sin interés en nada. Pero eso cambió. La mirada atormentada que Joe tenía a veces, desapareció, liberándolo de la prisión en la que había vivido. El cambio en él me sacudió, me hizo tener la esperanza de que las cosas iban a ser diferentes. *Seremos una familia con amor y crearemos dulces recuerdos, no los negros que ya están impresos en mis hijos.* Y la paz genuina de Joe continuó, a pesar de que su temperamento aún salía a la luz de vez en cuando. Él seguía dominando y controlando, esperando obediencia en todos los frentes, incluso de mí, pero también se fue volviendo más flexible.

Una noche se acostó a mi lado en la cama y susurró contra mi cabello, "Te quiero mucho, Darlene. Me siento muy agradecido por ti y estoy tan agradecido de que Dios me ame pase lo que pase." Ese "pase lo que pase" flotó en el aire como una contaminación vaga. Aún así, volvió más tarde. Porque aunque sabía que el amor de Jesús no tenía fin y nuestros errores no podían alcanzar a su Gracia, algunas cosas no podían ser perdonadas por el simple esfuerzo humano. Algunas cosas podían derribarte, escupirte y dejarte morir mientras los buitres dan vueltas por encima de ti. Y parecía que los demonios de Joe solo estaban esperando en las galeras hasta que llegara el momento perfecto para volver a escabullirse.

REFLEXIONES:
ÉL CONOCE TU LUCHA

Cuando ya se hizo tarde, se le acercaron sus discípulos y le dijeron: Este es un lugar apartado y ya es muy tarde. Despide a la gente, para que vayan a los campos y pueblos cercanos y se compren algo de comer.
—Marcos 6:35-36

Los discípulos le dijeron a Jesús lo que estaba pasando, a pesar de que Él había estado con ellos todo el tiempo. ¿Alguna vez le has recordado al creador del cielo y de la tierra tus luchas, como si Él no las supiera? "Jesús, es tarde. Estamos cansados. Tenemos hambre. La gente tiene hambre. ¿Podemos mandarlos a su casa? ¿POR FAVOR?"

"Denles ustedes mismos de comer —contestó Jesús."

Un discípulo dijo, "¿Cómo? ¿No ves cuántas personas hay aquí? ¡Eso costaría casi un año de trabajo! Además, ¿cómo vamos a conseguir tanta comida? ¿Acaso lo olvidaste? Estamos en medio del desierto y no hay tiendas por aquí a las que podamos ir."

¿Te es familiar? "Jesús, ¿no ves lo que está pasando en mi vida?"

O tal vez, "Jesús, el dinero se está acabando. ¡Me estoy ahogando aquí!"

O: "Jesús, él me está engañando, lo sé. No hay manera de solucionarlo."

O bien, "Mi hijo se está convirtiendo en alcohólico y no me responde. No puedo hacer nada para ayudarlo."

Jesús escucha y le importa, pero también *sabe*. Él está dolorosamente consciente de nuestras luchas, llevándolas como una carga sobre su propia espalda. Él nos ve en todo nuestro quebrantamiento y necesidad. Nos ve como si los problemas que transportamos se materializaran y colgaran de nuestros hombros.

Él nos dice una y otra vez, "No necesitas seguir cargando eso. Por eso estoy aquí. Dámelo." Sus hombros capaces pueden manejarlo todo.

Viendo cómo luchaban mis hijos, sintiendo que los problemas aumentaban y viendo lo que sabía que era solo la punta del iceberg, sentí que me iba a ahogar en el dolor de todo eso, como si me ahogara en mi propia debilidad. Quería que Dios transformara mi matrimonio, que lo convirtiera en algo hermoso. Quería ver a mis hijos enteros y sanos, que unas sonrisas infantiles reemplazaran la ansiedad que flotaba. Lo llamé y le dije todas las maneras en que las cosas se estaban desmoronando, pero la verdad era que Él ya lo sabía.

No hay necesidad de recordarle a Jesús nuestros pesares. En lugar de eso, ofrécele tus dificultades.

Arrodíllate ante el Rey, deja toda esa carga gigantesca a sus pies y pídele por todas esas necesidades.

"Jesús, provee."

"Jesús, sana mi matrimonio. Ayúdame a saber en qué me equivoco. Ayúdame a dejarlo ir, si esa es tu voluntad."

"Jesús, ayuda a mi hijo. Deja que Te encuentre para que todo cambie. Dale la fuerza para lo que está por venir. Dame sabiduría sobre cómo ayudarlo sin debilitarlo."

Él se inclinará, pondrá una mano cálida en tu cabeza y tomará la carga que dejaste y la llevara en tu lugar. Él caminará a tu lado a medida que avances. Los problemas no desaparecerán como la niebla contra el sol, pero Él estará allí, siempre paciente y amoroso, peinando tu cabello hacia atrás y eliminando los miedos. Y, más allá de ese momento de dolor, Él te ofrece un futuro y una esperanza, uno que no te pueden arrebatar las circunstancias, el abuso o las palabras duras de un marido enojado.

Su esperanza es eterna.

Capítulo 14
Reflector y Alabanza

Salem, Misuri

Joeie había ganado concursos, incluso a la edad de diez años, por su habilidad para tocar el bajo y cantar. Comenzamos a actuar como una familia, primero solo en las iglesias locales en casa, en Salem, luego nos extendimos y tocábamos más seguido, a veces incluso nueve veces en una sola semana, por todo Estados Unidos. Joe tocaba la guitarra y cantaba con Joeie y conmigo. Joeie tocaba el bajo, con Tiffany en la pandereta y Tamie tocando la batería. Eso se convirtió en nuestra vida a tiempo completo - viajábamos a las iglesias locales y cantábamos sobre la esperanza de Jesús. Amé el movimiento y el propósito de nuestra vida, me encantaba recordarle a la gente a Dios y Su fidelidad. Por primera vez, la visión me infundió fuerza. Ser parte de algo que podía transformar una vida vacía en una con esperanza, llenaba mi pecho con una nueva ligereza.

Joe brillaba como nuestro líder carismático, atrayendo a la gente con su sonrisa blanca brillante. Pero su vista se distraía, le decía elogios de más a las mujeres en las iglesias que visitábamos. Él era así. Siempre había hecho reír a la gente y hacerla sentirse bien con ella misma. Pero, recordé a Trudy y el dolor que me retorcía el estómago cuando consideraba lo que pudo haber ocurrido en esa cita, justo antes de estuviéramos juntos. Y, me preguntaba si podría volver a sentirse atraído por alguien nuevo y excitante. Era un hombre, después de todo.

Mamá cambió cuando se volvió abuela. Tomó a mis bebés como si fueran suyos, a menudo los enviaba a casa, después de un día con ella y papá, con los brazos cargados de regalos, a veces con un nuevo paquete de ropa interior escondido en medio de todo. La observé acercarse a ella, ofreciéndole un abrazo y una sonrisa, y me pregunté qué le había pasado a la mujer con pocas palabras amables para mí y una cantidad excesiva de tristeza. Pero, incluso se había suavizado conmigo. De todos modos, ella podía hacerme trizas con una frase. Los viejos hábitos eran difíciles de romper, y ella a menudo me decía cómo debería criar a mis hijos, señalando rara vez cuando lo hacía bien. Observé el placer que sentía con los divertidos comentarios o talentos de mis hijos. y me di cuenta de que, indirectamente, su placer también brillaba en mí.

Capítulo 15

Abejorro y la Blusa Amarilla

Palabras de Joeie

En la Gira

Estacionamos nuestro remolque enfrente de su casa en Houston, Texas. El calor serpenteaba por encima de la calle y me pasé una mano por la frente. Todos nos quedamos afuera platicando con la familia que nos dijo que podíamos estacionarnos allí mientras cantábamos, en su iglesia y en algunas otras en el área. Miré al hombre, un tipo grande y viejo cuyo pelo parecía una alfombra negra y plana sobre su cabeza. A veces daba la impresión de que se deslizaba un poco a un lado debido al calor.

"Bueno, estamos muy contentos de haberlos recibido," dijo el hombre, con la cara tan roja como un Ferrari color cereza.

Papá dio un paso adelante, con una amplia sonrisa en su rostro, y estrechó la mano del hombre. "¡Gracias por aguantarnos!" Luego nos presentó, aunque ya los conocíamos. Eso hacía todas las veces. "Recuerda a mis hijos, Joeie, Tamie y Tiffany. Cada uno toca los instrumentos. Y, por supuesto, mi esposa, Darlene."

Nuevamente, el hombre extendió rápidamente su mano carnosa y sacudió la pequeña de Mamá. Ella sonrió y dijo: "Estamos muy agradecidos con usted."

En ese momento, la esposa del hombre de pelo negro salió de la casa con una blusa con rayas amarillas y negras como el abdomen de un abejorro, su cabello se veía tan grande como una colmena. Parecía como si el cabello y la blusa se hubieran juntado especialmente para atraer a una persona.

"Bueno, es nada menos que Lizzy, Lizzy," dijo papá, como si fuera su mejor amiga. Observé cómo subían y bajaban sus cejas, y su sonrisa se movía hacia un lado, como siempre que veía a una mujer bonita, parecía que tuviera ganas de comer miel. Luego, le comentó cómo se veía su cuerpo con esa ropa amarilla.

Mamá dijo, con voz suave y suplicante: "Joe, por favor."

Sin embargo, el hombre con el tupé se rió, y Lizzy rió demasiado fuerte. Me retorcí y miré las grietas cerca de mis tenis. Mi cara se sentía tan caliente como si hubiera estado frente a una fogata ardiente. De seguro no era por el clima de Houston. Era debido a que mamá estaba allí de pie, como si fuera un pedazo de basura tirada, tratando de mantener su barbilla levantada mientras papá miraba a la dama con aquella ropa demasiado apretada. *¿Qué tiene de bueno de todos modos?* Tenía ganas de golpear a papá y darle un puñetazo al hombre, y decirle a la Sra. Lizzy que se regresara a su casa y se cambiara con algo más apropiado para una dama. Me tragué la vergüenza, deseando poder caerme en un agujero profundo y oscuro, con todos menos esos tres tontos, y huir.

Papá gruñó mientras bajaba al suelo desde su altura de seis pies y dos pulgadas de alto. Acomodé las herramientas en un trapo, para que tuviera fácil acceso a ellas. Papá contaba conmigo para ayudarle con todos los deberes en el trayecto. Cuando íbamos por la carretera, surgieron todo tipo de problemas.

El acoplamiento en el autobús se había roto de nuevo. Parecía que siempre pasaba esto. "Pásame esa llave," dijo papá.

Mis dedos recorrieron las herramientas dispuestas como soldados. Sabía que él esperaba que yo supiera el tamaño correcto, pero justo ahora parecía que no podía elegirla bien. Tomé una y la coloqué en el centro de su mano grasienta. Se giró hacia un lado, para poder alcanzar el lugar que se había roto por debajo, luego levantó la cabeza y me miró, con los ojos entrecerrados y los labios apretados.

"¿Qué demonios te pasa? Esta no es la que te pedí. ¡¿Que estás tratando de hacer?!" Me aventó la pesada herramienta de metal y me golpeó la espinilla con tanta fuerza que sentí que me habían golpeado con un bate.

Tragué y tragué, mientras el dolor subía por mi pierna. *No llores. No llores.* Parpadeé contra las lágrimas que de todos modos brotaban de mis ojos.

Papá inclinó la cabeza y frunció el ceño. "Eres un blandengue." Luego agarró la llave más grande y volvió al trabajo.

Capítulo 16
Prometiendo estar Ausente

Salem, Misuri

Mamá tiró de mi mano para que pudiéramos hablar más en privado, lejos de los ojos siempre presentes de los otros feligreses. Ella había vuelto más enferma con el paso de los años, a medida que la diabetes y la presión arterial alta la obligaban a tomar medicamentos diariamente. Mamá se paró frente a mí, con los brazos cruzados sobre su pecho, los rizos apretados que siempre llevaba enmarcaban su cara redonda.

"¿Cuándo sales otra vez?" Ella me miró y esa vieja sensación de ser una niña (en lugar de una mujer mayor de 27 años con tres hijos) se levantó como un viejo cadáver. Sólo que no era tan diferente de esa niña. Incluso con mi propio marido, me sentía pequeña y muy asustada.

De alguna manera, me encontraba contra una esquina, dominada de nuevo por otra persona. Sabía muy bien después de ver la manera como papá trataba a mamá, incluso en sus peores momentos, que no todos los matrimonios eran como el mío: una especie de reverencia a la disposición de ánimo de mi taciturno guía. Sin embargo, yo buscaba la paz. Siempre quise eso. Quería que mamá estuviera contenta conmigo, que papá sonriera y se despreocupara, y que Joe dejara de regresar a su lado oscuro, que parecía una trampa para ratones con un temperamento irritable. *Me sentía en riesgo de ser partida en dos.*

Tragué contra mi garganta rasposa. "Saldremos en una semana. Tú lo sabes, mamá." Siempre regresábamos a casa para pasar las vacaciones y descansábamos antes de volver a salir en la primavera. El horario había sido el mismo por años.

"Sí," dijo con su voz avinagrada. "Lo sé." Se quedó allí parada por una eternidad antes de decir: "¿Y cuándo regresarán?"

¿Dónde estaban los niños? ¿Estarían arriba corriendo? ¿Seguirían en sus aulas de la escuela dominical? Los quería allí para protección y porque tal vez eso haría que la dulzura volviera a entrar en la voz de mamá. "En unos cuatro meses." Sabía que ella amaba nuestro canto en familia, especialmente cuando veía a los niños en sus instrumentos. Recordé aquellos días, hace mucho tiempo, en los que ella inclinaba la cabeza hacia atrás, con una sonrisa minúscula en su boca, los ojos cerrados, escuchándonos tocar en nuestra sala. Sin embargo, pude ver que la separación la molestaba.

Aunque eran papá y mamá quienes cuidaban a mis hijos cuando yo necesitaba ayuda, fue papá quien se sentó conmigo y me habló sobre la vida, la maternidad y el matrimonio, y aunque fue mamá quien nunca expresó que me amaba o me extrañaba, fue en este momento, con ella de pie tan dominante e intimidante como siempre, que pude ver detrás de la capa de agresión a la mujer quebrantada.

Se quedó parada allí tan frágil como la cristalería barata, pero tan inmóvil como una roca.

Sus ojos chasquearon como pequeños petardos y dijo: "Bueno, para que lo sepas, podría no estar por aquí para ese entonces."

Me quedé callada, sin poder hablar, y luego balbucee, rogándole que eliminara esa amenaza de que su vida se extinguiría antes de que regresáramos. Aun así, recordé aquel día en que se tiró al suelo como una muñeca sin vida contra la puerta del baño, con una escopeta en la mano. Recordé que había golpeado la puerta, mis manos me ardían, llorando y gritándole que saliera y no acabara con su vida. La impotencia me adormeció los brazos y las manos.

"Mamá, por favor," le susurré. "No digas eso."

Entonces, se dio la vuelta y se fue. Observé sus hombros mientras se alejaba de mí. Y me pregunté si esta vez ella apretaría el gatillo.

Una semana más tarde, fui con Helen, mi amiga de mucho tiempo, a su cita con el médico, la cuál daría a luz a un bebé de su barriga hinchada en cuestión de días. Me senté en la sala de espera, Helen estaba inquieta e intentaba ponerse cómoda a mi lado, cuando sonó el teléfono. La recepcionista contestó e hizo una pausa. Me miró, "¿Eres Darlene?"

Me hice hacia adelante, el asiento de plástico crujió. "Si."

"Tiene una llamada telefónica."

Mamá. Un redoble de tambores comenzó en mi pecho.

La voz de papá vibró en mi pecho. "Lamento tener que decirte esto, Darlene. Pero tu madre ha muerto." Dijo algo acerca de unas complicaciones de la diabetes y la presión arterial, y sus palabras entraron y salieron de mí. Pero yo lo sabía. Sabía la verdadera causa de la muerte de mamá. Su médico me lo había advertido en su última visita.

Él me hizo a un lado y me dijo: "Tu madre está tomando demasiados medicamentos. No puede hacer eso. Se va a morir si sigue mezclándolos y tomándolos en exceso."

Me pareció que mamá me había advertido y, como no la había escuchado, me había impuesto su castigo final. Había muerto y el dolor de amar a una persona tan difícil de amar se hizo más profundo. Entonces la ira inundó las grietas que ella había puesto allí. *Tú ganas, mamá.*

Capítulo 17
No Revuelvas la Suciedad

En el Camino, Texas

El sueño me mantuvo cautiva. Me senté con la espalda apoyada contra un enorme árbol, el follaje de arriba esparcía su sombra y la luz se dispersaba a través del suelo del bosque y sobre mí. Podía oírla moverse, con el cuerpo deslizándose sobre las hojas secas, hacía mucho tiempo que habían caído, ahora estaban muertas y mohosas. Su cuerpo las movió haciendo un sonido raspante, sus escamas se movían alrededor del árbol, detrás de mí a mi derecha, y luego a mi izquierda. Luego su cabeza se movió hacia mi periferia, moviendo la lengua, oliendo y sintiendo, haciéndome consciente de que me veía y me controlaba. *Si me quedaba quieta, no me haría daño.*

Mi corazón se sentía demasiado grande, parecía que quería escapar de mi pecho, el miedo aumentaba ahogando cualquier grito que tuviera dentro. Entonces, la serpiente se deslizó por mis pies que tenía metidos debajo de mi trasero, se deslizó por ahí, su espalda también estaba salpicada por las sombras. La luz iluminó cada escama, la flexión de sus músculos la hacían moverse alrededor del árbol una y otra vez, más y más cerca hasta que dio una vuelta completa, entonces su ojo estuvo más cerca de mí, encontrando el mío. Levantó su cabeza para sisear en mi oído, un miedo que se deslizaba sobre mis hombros, y bajaba por mi espalda. Levantó la cara para besar mi mejilla. *Está tan cerca*. El pánico me oprimió, apuntaló mi cuerpo contra el suelo del bosque, sujetó mi espalda a la corteza. *No revuelvas la tierra. No te muevas. Te matará si lo haces*. Luego volvió a desaparecer, su cola fue lo último que vi, la perdía de vista, su longitud dándole la vuelta a la base del árbol. Y aunque no podía verla, igual la escuché y la sentí, su presencia era tan real como el árbol picándome la espalda.

Aunque el terror me dijo que me callara y me quedara quieta, otra voz me levantó del suelo del bosque, me hizo levantarme y gritar: "¡Déjame en paz en el nombre de Jesús!" Luego corrí. Corrí tanto como pudieron mis piernas. Vi el arco de luz delante, mostrándome el camino para salir del denso bosque de pino verde y negro. Cuando casi lograba escapar, vi a unas personas que entraban en el bosque, pasándome, yendo hacia la serpiente y el árbol, como si los jalara una línea de pesca invisible. Les grité, "¡No vayan para allá! ¡Ustedes no quieren hacerlo! ¡No dejen que esa cosa los atrape!" Y justo cuando salí a la luz, un dolor abrasador ardió en mi talón. Supe que la serpiente me había mordido, pero no me había perforado profundamente.

Entonces lo supe. *Estoy a salvo. ¡Soy libre!*

Capítulo 18
Casa Pintada

En la Gira

Cogí mi toalla y la bolsa de artículos de tocador, necesitaba una ducha. Tamie levantó la vista de su libro, acurrucada en el asiento de la esquina del autobús. "¿A dónde vas?"

Noté la mirada ansiosa en su rostro, las cejas fruncidas, los ojos abiertos de par en par. Luego comenzó a parpadear rápidamente, algo que se le había hecho costumbre. Joe la miró y gruñó. "¡Deja de parpadear Tamie!"

"Voy a tomar una ducha," le dije, ofreciéndole una sonrisa a mi chica. Las fuertes exigencias de Joe nunca solucionaron el problema, parecían empeorarlo.

Se paró, agarrando sus cosas. "Yo también necesito una." Miró a Joe y luego a mí. "No te vayas sin mí."

Ahogué un suspiro. Necesitaba tiempo a solas y parecía que el baño a menudo era el único escape que tenía. "Por supuesto, no me iré sin ti. Ve a buscar a Tiffany también. Iremos todas juntas."

Poco después, salimos al camino lleno de tierra del campamento hacia el baño y duchas de mujeres. Inhalé profundamente, deseando que eso disminuyera mi ansiedad. Miré a Tamie mientras caminaba a mi lado, con su toalla presionada contra su pecho, noté que sus hombros habían perdido sus picos afilados, su rostro se había relajado y parpadeaba como una niña normal de doce años otra vez.

Joe detuvo el autobús en nuestra entrada. Estaríamos en casa brevemente antes de volver a salir. Haríamos tiempo para visitar a la familia y atender el negocio y esperaba descansar un poco. Sin embargo, cuando miré por el parabrisas delantero, mi casa, alguna vez blanca, ahora estaba pintada de color beige cremoso.

"Oh, ¿Quién hizo eso?" No me imaginaba a mi papá haciendo algo así sin preguntarnos. No es que no me sintiera agradecida, la casa si necesitaba una nueva capa de pintura.

Joe contestó: "No tengo idea."

Entonces, Susan, nuestra vecina, caminó hacia nosotros desde su casa, ella era la encargada de revisar la casa de vez en cuando, y podía ver su culpa. "¿Les gusta?" preguntó.

"Oh, ¿tú hiciste esto?" No supe qué decir. Esta mujer, de la cual sospechaba que estaba interesada en mi marido, y en quien Joe a su vez, parecía interesarse especialmente, había pintado toda mi casa.

¿Qué estás encubriendo? ¿Qué quieres enmendar?

Joe solo sonrió y dijo: "Vaya, de verdad que eres adorable."

Susan sonrió y lo miró antes de bajar la mirada al suelo y luego me miró, con sus mejillas teñidas de rojo.

"Espero que te haya gustado, Darlene."

Joe exclamó: "¡Por supuesto que le gusta! Se ve genial."

Sentí que mi estómago se agriaba, intenté formar palabras, pero no salió nada de mi boca. Solo asentí levemente antes de darme la vuelta para comenzar a desempacar el autobús.

Capítulo 19
Confrontando a Papá

Palabras de Joeie

Salem, Misuri

Me senté en la banqueta con mi vecina, Sasha, ella tenía las manos sobre las rodillas. Ella me miró, con la boca tensa formando una línea recta. "Creo que está sucediendo. Tu papá y mi mamá." Miró hacia la calle, más allá de las casas, donde los árboles se encontraban con el cielo.

"¿Estás segura?"

Ella solo me dijo: "Digamos que deberías confrontarlo al respecto. Mira lo que dice. Cómo actúa."

Incluso a los 16 años, no había ningún romance entre mi vecina y yo, solo una amistad de muchos años hecha de cuerdas unidas en momentos difíciles. "Tengo miedo," dije sabiendo que Sasha lo entendería.

Ella asintió y dejó que el croar de las ranas que descansaban en los arroyos cercanos, expresaran su tristeza al cielo oscurecido.

Le hablé a papá cuando estaba de espaldas mientras intentaba reparar el autobús estacionado al lado de la cochera, abierta al cielo. Ya casi llegaba el momento de volver a salir de gira y tenía que expresarle mis sospechas antes de quedarme atrapado en un pequeño autobús, durante horas y horas, sin tener un verdadero escape. "¿Estás durmiendo con Susan?"

Se volvió, como un oso atrapado con su víctima. Sus ojos se entrecerraron. "¿Qué dijiste, hijo?"

Antes de que pudiera decir algo, se lanzó contra mí, me sujetó a un lado del autobús, mientras una herramienta caía al suelo. "¡Cómo te atreves! ¿Quién te crees que eres?" Me gritó, aunque su cara estaba a centímetros de la mía.

"Entonces, ¿es verdad?" No pude evitar gritarle, pero mis palabras fueron silenciadas por las lágrimas. "¿Como pudiste? ¿Cómo pudiste hacerle eso a mamá?

"¡Cállate! Tienes que saber cuál es tu lugar." Permitió que mi cuerpo se despegara del costado del autobús, luego me empujó y me apuntó con el dedo. "Cállate la boca. Sal de aquí. ¡Eres un pervertido enfermo por decirme algo así!"

Noté un sabor metálico en la boca. Acabas de responder a mi pregunta, papá.

Capítulo 20
Parpadeos y Sombras

Rolla, Misuri

Hice una cita con un especialista en Rolla, Tamie se sentó a mi lado en el asiento del pasajero delantero, se veía pequeña y asustada. Toqué su mano. "Todo va a estar bien, cariño."

Necesitaba llegar al fondo de eso, del parpadeo. Le había preguntado: "¿Te duelen los ojos?" Asintió con la cabeza. "¿Te pican? Tal vez sea una alergia." Otro asentimiento.

Joe había entrado temprano esa mañana y bramó: "¡Deja de hacerlo, Tamie!"

Me puse de pie, "*Salgamos.*" *¡No estás ayudando con tu actitud!*

Tamie parpadeó todavía más, sintiendo pánico de que las palabras de su papá solo habían aumentado la velocidad en la que sus párpados revoloteaban.

"¡Deja de hacerlo o haré que dejes de hacerlo!"

Jesús, ayúdame. Algo está mal. Lo siento.

Tomamos el camino principal dirigiéndonos al consultorio del oftalmólogo. *Respira. Respira. Pero algo está mal.* Me sequé una lágrima perdida que logró escapar. Aguántate, hazlo por tu hija. Entonces, antes de que me diera cuenta, el camino se convirtió en un borrón delante de mí y mi respiración se hizo más y más difícil, como si estuviera inhalando a través de un trapo de lana, como si mi pecho se comprimiera.

Estacioné mi vehículo a un lado de la carretera, los autos pasaban a la izquierda, zumbaban y luego se hizo el silencio. Una corriente de energía, y luego el silencio. ¿Qué pasa, mamá? Preguntó Tamie, lloriqueando. "Lo lamento, mamá."

Tiré de mi niña hacia mí, su cabello olía a albaricoques. "No tienes que lamentar nada, ¿me oyes? Te amo. Estaré bien. Solo necesito un minuto."

Ella se echó hacia atrás, mirándome como para verificar que no me iba a derrumbar allí mismo en la carretera. Luego sostuvo mi mano hasta que mi mundo se estabilizó y pude retomar el largo camino hacia el consultorio del doctor.

Más tarde, el médico me miró, su rostro estaba serio e inmóvil. "No puedo encontrar nada malo en los ojos de su hija." Hizo una pausa, mirando a su portapapeles. "Creo que es hora de considerar que Tamie está tratando de decirle algo más." La vergüenza me envolvió. Golpeándome como si fuera una concha bajo una ola.

Algo está mal y ni siquiera sabes qué es o cómo solucionarlo. ¿Qué clase de mamá eres? Y no importó cómo se lo pregunté, Tamie sacudía la cabeza, miraba sus manos retorcidas en su camisa, parpadeando como si quisiera que esto se terminara. "No pasa nada, Mamá."

Durante todo el camino a casa, el camino zumbaba bajo el latido constante y rápido de mi corazón.

Tamie buscó el refugio de su habitación y yo busqué el mío. La casa estaba muy silenciosa. Tan vacía como si estuviera gritando algo que yo no entendía. Cerré la puerta de mi habitación y me fui a mi cama, diciéndome a mí misma que me calmara, que inhalara y exhalara, que necesitaba descansar y rezar. Entonces vi la nota, como un certificado de defunción, acomodada en mi almohada.

Mis manos temblaron con el traqueteo que había comenzado esa mañana, golpeando mi corazón contra las costillas a tal grado que estaba segura de que no podría contener el movimiento. Levanté el papel y lo abrí, el sonido del papel arrugándose rompió el silencio.

Darlene, amo a Dios y amo a mi familia, pero ya no te amo. -Joe

La habitación se derrumbó a mi alrededor. Dejé la nota en la cama, boca abajo, gimiendo la angustia que apenas había logrado mantener a raya. La culminación del dolor colmado de dolor. El techo parecía presionarme y todo lo que podía hacer era gemir como una niña que ya no sabía si todavía existía. Ya no te amo. *Ya no te amo.*

No eres suficiente para él. Nunca fuiste suficiente para él.

Unas sombras vagas pasaron por mi periferia. Eran Joeie, Tamie y Tiffany, se acercaron a la cama, tocándome. Solo que no podía subir. Estaba en el fondo de un agujero que bien podría haber estado hasta el centro de la tierra, así de profundo se sentía. Solo quedaba un pequeño alfilerazo de luz. Y lloré hasta que mi habitación se llenó de oscuridad.

Cuando Joe regresó, apenas me miró. Simplemente reanudé mi vida como si no me hubiera arrancado el corazón y luego me lo hubieran empujado hasta atrás de mi pecho, desconectado de la fuente de la vida.

Volvimos a salir de gira. Me tragué el dolor siempre presente en mi garganta, mirando por la ventana mientras pasábamos las ciudades, grises, azules y marrones que parpadeaban ante mis ojos. Teníamos compromisos como la familia de cantantes itinerantes favorita de Jesús. Susan y su familia cuidaban nuestra casa mientras estábamos fuera de la ciudad y, aunque tenía mis sospechas sobre ella y Joe, las escondí en una esquina.

Haz que se enamore de ti otra vez. Haz que te mire como alguna vez lo hizo, igual que como mira a otras mujeres ahora.

El tiempo se volvió borroso. Intenté todavía más en verme más atractiva para Joe, con la esperanza de que recordara lo que alguna vez vio en mí. Pero, aunque compartíamos la cama y compartíamos nuestros cuerpos, él siempre se apartaba, como una sombra que encuentra una oscuridad más profunda. Las palabras que cantaba ante un santuario lleno sobre el amor y la presencia siempre fiel de Dios ya no parecían significar nada para él. Solo eran parte del acto. Eran parte de mantener las apariencias.

"¿Podemos ir a ver a un consejero juntos? Tal vez nos ayude," le dije.

Me miró recostado en su lugar en el pequeño sofá del autobús. "Tal vez necesites ayuda, pero yo no."

Mi mundo dio vueltas sin control, su base se estremeció, se agrietó, se partió. *Jesús, ayúdame. ¿Qué debo hacer? ¿Cómo salvo mi matrimonio? ¿Cómo protejo a mis hijos?*

Dios me habló en la tranquilidad de la noche, nuestro autobús estaba estacionado en la entrada de algún extraño, Joe estaba roncando a mi lado. La bestia estaba descansando. Joe parecía tan consumido por la oscuridad, la esperanza que una vez tuvo ahora no se podía distinguir Dios hizo callar las voces que me decían que todo esto era mi culpa, que yo había causado el desasosiego de mi esposo.

Mi Señor me mostró cosas, cosas duraderas, como paradas en un largo camino que conducía a un horizonte naranja-amarillo. Una visión de personas, africanos, un mar de rostros oscuros y un amor tan dominante que me dificultó la respiración. *¿Qué me estás diciendo, Dios?*

No entendí, pero sí sabía una cosa. Me estaba diciendo que tenía un futuro y una esperanza, pasara lo que pasara.

Capítulo 21

Máscaras

Palabras de Joeie

En la Gira

Yo me encargaba de ayudar a instalar todo el equipo. Extender los cables. Pegarlos con cinta, Instalar los micrófonos y los instrumentos. Hacer que todo se viera perfecto. Entrecerré un poco los ojos mientras desenvolvía otro rollo de cable en el santuario de la iglesia, luego lo colgué para que fuera lo menos notable desde el punto de vista de la audiencia. Siempre se trataba de lo mismo. De lo que estaba a la vista. De lo que habían escuchado unos desconocidos. Nunca sobre la verdad, sobre cómo era nuestra vida como un grupo familiar de cantantes itinerantes en privado. *Sonríe. Toca de manera impecable. Haz que papá se vea bien.*

Tal como lo había hecho muchas veces antes, jalé la cinta del rollo, el sonido agudo crispó mis nervios. Utilizábamos la cinta para mantener todo pegado al suelo, de manera continua, de modo que nadie pudiera tropezar con los cables, así ninguna persona de la congregación tenía que soportar el estorbo visual de lidiar con demasiados cables que enturbiaran su visión. Mamá trabajaba en silencio ayudando a Tamie a instalar su batería, papá entraba y salía con más instrumentos que sacaba del autobús, dejándolos en un montón antes de girar sobre sus talones y volver a salir.

Usé mis dientes para arrancar un trozo de cinta y luego lo puse a lo largo del cable, alisándolo con la punta de los dedos. Luego avancé un poco siguiendo la línea. Mi mente divagó hasta el último lugar donde habíamos estado, cantando sobre Jesús, incluso cuando solo quería escapar. *Estoy en una jaula. Necesito salir.* Nada de esto se sentía bien, además, la ira había crecido tanto en mí que pensé que podría romperme, para luego ser como papá, como un cable cortado en un charco de agua.

Justo como si le hubiera mandado una señal, papá gritó: "¿Qué diablos crees que estás haciendo, Joeie?" Mi estómago se sacudió, sentí que mi corazón era como un trapo en una secadora, dando vueltas de un lado a otro. Miré por encima de mi hombro a donde estaba parado papá, y luego a mamá, cuyos ojos cambiaron a los de un conejo, golpeado en un rincón. "¿Cuántas veces te he dicho que lo hagas así? ¡Y por alguna razón tu cráneo idiota no entiende como hacerlo bien!" Señaló la ofensiva tira de cinta, y destrocé mi cerebro para saber qué había hecho mal esta vez.

Papá arrancó la línea completa de cinta, deshaciendo en un segundo lo que había tardado media hora en hacer. Lo hizo bolas y me la aventó, luego se acercó y me tiró del cuello, echando el puño hacia atrás. Cerré los ojos, esperando el impacto. Parecía como si su rostro estuviera a punto de explotar, de tan rojo como estaba. Y las venas en su cuello se abultaron, como cables sueltos. Escupió en mi cara mientras gritaba: "¡Estoy harto de estarte diciendo lo mismo!"

Lo odié en ese momento. Odiaba los pequeños vasos sanguíneos que rodeaban sus ojos marrones. Odiaba la mano que me sujetaba como si fuera un tornillo de banco. Odiaba la forma en que miraba a otras mujeres y cómo miraba a mamá, como si la fuera a matar si se atrevía a responderle. Odiaba que tratara a Tamie como si fuera una conocida que apenas toleraba. Pero sobre todo, odiaba su hipocresía.

"Joe, cálmate, por favor," dijo mamá, su voz sonaba como la de una mendiga.

Con un empujón final, me soltó y salió del lugar, dejando la nube de su oscuridad flotando como un gas venenoso.

Mamá intentó consolarme, pero no pude escucharla porque el pastor de la iglesia había entrado en el santuario con una sonrisa inocente, su traje ajustado y alabanzas agradecidas, nos dijo: "Me encantaría tomar una foto de su hermosa familia, si no le importa."

Mamá me miró, con una pena tan real que parecía que estaba entretejida en una capa que le presionaba los hombros. Ella asintió y dijo: "Claro, Pastor. Déjame salir y buscar a Joe."

Papá regresó rápido, con la máscara de nuevo en su lugar, sonriendo como si hubiera ganado un concurso estúpido, y me pregunté cómo lo hacía. Cómo podía pasar de ser tan oscuro y odioso a ser el artista favorito de todos.

Nos agrupamos en familia para posar para la foto, mamá abrazando a Tiffany, Tamie de pie frente a mí y papá a mi lado. Deslizó su mano hasta el músculo justo al lado de mi omóplato y lo pellizcó con tanta fuerza que me hizo soltar las lágrimas. Parpadeé, tratando de parecer feliz. Sabía que me dejaría una marca, pero eso no era nada nuevo. Acercó su boca a mi oído, su aliento estaba caliente y sus palabras susurraron solo lo suficientemente fuerte como para ser escuchadas por mí: "Si no sonríes, te mataré."

Y eso hice. Interpreté mi parte, aunque el resto de mí sentía como si me hubieran hecho pedazos.

Pronto, se presentó la gente que había venido a escuchar a la familia perfecta tocar sus canciones perfectas, con emoción en sus voces como si fueran niños en una fiesta. Mamá me ofreció todo lo que pudo: una mirada que me dijo que me entendía, que sentía lo mismo, que su corazón también estaba roto, que veía mi amargura y que me amaba de todos modos.

Papá llamó la atención de la audiencia con un suave, "Muchas gracias a todos por venir. Nos sentimos muy bendecidos de estar aquí." Y luego comenzó a presentarnos de memoria. Todo se volvió borroso y se desvaneció hasta que sus palabras me regresaron a la realidad, "Y mi hijo, Joeie, el guitarrista más talentoso que conozco." Me odié a mí mismo por el sentimiento de orgullo que emergió con sus palabras. *Ya sabes que todo solo es parte del espectáculo. Él no está orgulloso de ti.*

Me tragué el ácido que llenaba mi garganta. *Solo toca las canciones. Solo supéralo y habrá terminado, luego podrás irte.* Y eso hice. Moví mis dedos sobre las cuerdas, sabiendo por instinto a donde pertenecían, amando la música a pesar del mentiroso que nos guiaba.

Vi la cara de mamá. Estaba muy triste. Sus ojos estaban caídos en las esquinas. Sus lágrimas rebosaban como el agua sobre el borde de la pared de una presa. Eso fue demasiado. Todo eso. Las sonrisas falsas de papá. Los cumplidos falsos que en realidad solo servían para elevarlo, para hacer que se viera como el santo hombre de familia con una familia perfecta y niños perfectos, y un amor perfecto por Jesús.

"Me voy," le dije. El mundo se desmoronó. Las enormes rocas que una vez se mantuvieron en su lugar gracias al mortero, cedieron ahora, amenazando con enterrarme. Amenazando con sujetarme, con convertirme en él.

Finalmente dije: "Ya no puedo hacerlo."

Mamá se me acercó, puso una mano en mi codo, con mucha gentileza. Sin lastimar. Siempre con amor. Sin embargo, eso no cambió las cosas.

"No puedes irte ahora. Estamos en Los Ángeles. ¿A dónde vas a ir?"

"Ya no puedo hacerlo. Ya no voy a dejar que me trate así." Una sacudida me atravesó, y tragué el dolor que sentía en mi garganta. "Si me vuelve a poner la mano encima, uno de nosotros va a morir," le dije con la mandíbula apretada. Hablaba en serio. La ira estaba viva dentro de mi. Me desgarraba pugnando por salir. *Lucha. No seas como él. No te vuelvas como él.*

Mamá asintió, sus lágrimas caían como si fuera lluvia en Misuri, a través de la tierra por la que habíamos viajado como familia, por todo el mundo. Me atrajo hacia sí, era mucho más baja que yo. Susurró: "Por favor, no te vayas, hijo." Luego se hizo hacia atrás, para que pudiera ver su cara.

Sus ojos, del color de la melaza, no me dejaban ir. Su amor me dominaba más que todo lo que hacía papá para controlarme: sujetarme, darme palizas.

Ya tengo la edad suficiente, pero eso no significa nada. No me puedo ir. ¿Qué va a pasar con mamá? ¿Qué hay de Tamie y Tiffany? No. No me puedo ir. Me quedaré por ellas.

Me volvió a tocar y lloró en mi hombro. "Ya no puedo protegerte."

Sus lágrimas rompieron más rocas, y pensé que estas me aplastarían.

Mamá, que siempre trató de difuminar los estados de ánimo y de rabia de papá. La que decía: "Todo va a estar bien. ¿Por qué no salen a jugar, niños?" Y luego se volvía para mirar a papá, llevándose la peor parte, mientras nos alejábamos de la tormenta de fuego. Se hizo hacia atrás, alisó mi cabello, diciéndome que me amaba con esa pequeña acción.

"Tengo miedo de que te mate," le confesé.

No se movió, solo dijo: "Estaré bien, hijo. Por favor, no te preocupes por mí." Su cálida mano presionó la mía, tratando de decirme que todo estaría bien. Pero yo sabía que no era verdad.

Capítulo 22
Oraciones en el Autobús

En la Gira

Todas las mañanas, temprano, antes de que mi familia comenzara a deambular en el autobús, preparándose para un día de educación en el hogar, actuaciones o un día conduciendo a través de las fronteras, rezaba. El pasillo privado, escondido al final del autobús, aislado de los asientos, cercano, también, a las pequeñas literas y el baño ubicado a cada lado, ese lugar, se convirtió en mi refugio con Jesús.

A veces pensaba en mi papá, que enviaba sus palabras al cielo en nuestro nombre, e hice lo mismo. En voz baja, para no molestar a los niños o a Joe, hablé. Le conté a Dios mi dolor, preocupación, sobre mis fracasos y temores. Me escuchó, como un padre atento, y me consoló. Sabía que incluso las cosas rotas, los lugares destrozados, podían entenderse si se los ofrecía a Jesús. Le hablé de mis hijos, pidiéndole a Dios que les recordara que, a pesar de las acciones de su padre, Él nunca se fue, nunca falló, nunca se rindió y siempre fue fiel.

El sol se elevó hacia el cielo, y Tiffany, de solo siete años, bajó de su litera, salió por la puerta hacia el pasillo.

"¿Estás rezando, Mamá?"

"Si," le contesté.

"¿Puedo rezar contigo la próxima vez?"

"Oh, pero siempre estás durmiendo muy rico cuando me levanto." Enterré mis dedos en su salvaje cabello despeinado.

"Aún así, quiero que me despiertes, ¿de acuerdo?" Puso sus pequeñas manos a ambos lados de mi cara y colocó sus dulces labios de botón de rosa en mi boca.

"De acuerdo."

A la mañana siguiente, abrí la pequeña puerta que conducía a su litera. Sacudí suavemente su hombro, y ella se sentó, con los ojos nublados y cálidos. "¿Hora de rezar?"

Asentí y susurré: "Hora de rezar."

Se quedó acurrucada bajo sus mantas, extendiendo su mano a la mía, la sostuve, comenzando a orar en voz lo suficientemente baja como para no despertar al resto de la familia en sus cubículos. No obstante, minutos después, su puño se relajó, y un zumbido minúsculo comenzó a sonar. Le sonreí a mi niña, con su pequeña mano en la mía, y le agradecí a Dios por los dones que me había dado.

Capítulo 23
Sus Ojos Son Heridas
Palabras de Joeie

Camino a Casa

El autobús conducía por caminos interminables, eso parecía. El silencio dentro del vehículo hizo que me dieran ganas de golpear algo. Papá no hablaba, solo miraba el asfalto frente a él como si fuera su Biblia, repleto de respuestas a lo que sea que rumiara.

Mamá miraba por la ventana, con su hermoso cabello castaño recogido en una coleta suelta, pequeñas hebras bailaban en el viento que entraba por la ventana agrietada, un flujo de lágrimas casi invisible formaba un río en su mejilla. Se lo limpió con el hombro, para que no lo notáramos, pero no sirvió de nada. El dolor en el autobús estaba vivo.

Regresábamos antes a casa. Papá lo había dicho así, lo anunció sin ninguna explicación. El cambio ocurrió después de un viaje anterior en el que él y mamá habían asistido al funeral de un hombre que habíamos conocido en uno de nuestros viajes. Papá había mirado a la viuda, Laura, y había coqueteado con ella como si hubiera terminado con todos los demás, pero esta vez era diferente. Había tomado una decisión.

De regreso a casa, papá nos dejó y estacionó nuestro autobús junto a la casa de mis abuelos.

Me apartó para hablar, y lo único que dijo fue:

"Me voy."

Me resistí a la tentación de decirle que ya lo había hecho. Que lo odiaba y deseaba que se hubiera ido hace mucho tiempo.

"¿Haces esto por alguien más?" Le pregunté: "¿Nos vas a abandonar por otra persona?"

"No," dijo, mirando la imagen de dolor, con las cejas fruncidas mientras las lágrimas llenaban sus ojos. "¿Por qué dices eso?"

Las palabras se atoraron en mi garganta como si fueran vómito. *¡Porque has estado acostándote con nuestra vecina, y ahora, lo más probable es que estés haciendo lo mismo con Laura!*

Sacudió la cabeza y entró en la casa.

Tiffany lo miró, tan pequeña e inocente. "¿A dónde vas, Papá?"

Se arrodilló y dijo: "Voy a conseguir un trabajo. No volveré por un tiempo." Una tristeza genuina pareció apoderarse de él, abrazó a Tiffany un rato antes de soltarla, luego se levantó, abrazó a Tamie, después tomó sus pertenencias, llevándose todo lo que le importaba. Luego se fue.

En el dormitorio, mamá lloró y lloró. Lloró tanto que no podía respirar. Su pequeño cuerpo se acurrucó formando una bola sobre sus mantas arrugadas, sus manos cubrían su cabeza. Su quebranto palpitaba en el espacio. Un quebrantamiento tan profundo que sabía que la rompería en dos si no hacía algo.

Llegó la ambulancia. Ella seguía llorando mientras la levantaban en la camilla. Me preguntaba si alguna vez dejaría de llorar y si sobreviviríamos a esto. Si mamá llegaba a morir y se iba al cielo, nos dejaría preguntándonos qué íbamos a hacer a continuación.

Se acostó de lado, sus ojos revelaban la herida abierta de su corazón, sus brazos estaban curvados frente a ella. Me pregunté si la sangre podría seguir bombeando a través de una carne tan triste y delicada.

El médico dijo, con voz firme: "Tuvo un pequeño accidente cerebrovascular, muy probablemente fue causado por todo el dolor. Si no le dan una razón para vivir, ella morirá de un corazón roto." Observé su rostro, medio cubierto por sus manos, y me tragué las lágrimas.

¿Somos una razón suficiente, mamá? Extendí la mano y toqué su cabello, y todo su cuerpo pareció relajarse y calmarse. Paz. *Por ahora.*

Capítulo 24
Atrapada y Ahogada

Hospital Memorial de Salem, Salem, Misuri

Me miré las manos. Se sacudieron, y las junté, noté un sabor metálico en mi boca. "Darlene, mírame," dijo mi médico familiar.

El tiempo que llevaba en la habitación del hospital era un borrón de caras, de oraciones que susurraban sobre mí, sentía la cálida mano de mi papá en mi cabeza, las expresiones de preocupación de los niños.

Aun así, me sentía aturdida, rota. Descubrí que Joe había regresado a las Carolinas, que había vuelto con Laura. El pastor de esa iglesia me llamó diciendo: "Pensé que debías saberlo."

Joe y yo habíamos cantado en el funeral del marido de Laura. Había rezado por ella. Solo faltaba una semana para la Pascua y las imágenes de mis chicas con vestidos a juego y Joeie con traje y corbata bailaban frente a mí.

El conflicto de seguir pensando, pensando, pensando me agotó, pensando en lo que había salido mal, en lo que pude haber hecho para evitar su infidelidad, en lo que ella tenía y yo no, sobre cómo debía poner un pie delante del otro y cómo sobrevivir a los días que venían ahora como madre soltera. *¿Cómo puedo ayudar a los niños a entender todo esto cuando yo no puedo? ¿Cómo puedo ayudarlos a seguir adelante cuando me siento atrapada y ahogada?*

"¿Darlene?"

Él me miró y esperó hasta que estuvo seguro de que pudiera entenderlo, hasta que vio que mi mente no estaba en otro lugar otra vez.

"Darlene, escúchame. Si no te recuperas, no tendré más remedio que enviarte al hospital estatal de Farmington. Y los perderás, Darlene. ¿Me escuchas? Vas a perder a tus hijos." Hizo una pausa, las arrugas entre sus cejas se volvieron más pronunciadas. "Bueno, demonios, Darlene, simplemente puedes tumbarte allí y morir, ¡o puedes criar a esos niños! O tal vez Joe pueda."

Observé cómo se movía la boca del doctor Carnett, sus palabras tomaban forma y le crecían dientes. *Vas a perder a tus hijos.* Pensé en el rostro de Joeie, sus ojos fieramente protectores y llenos de corazón. Pensé en la bondad maternal de Tamie para conmigo, en su independencia y coraje. Recordé la pequeña mano de Tiffany en la mía, diciendo: "¿Estas orando, mamá?" Entonces supe que no me iba a rendir. Ellos eran mi regalo. Eran mi alegría, y no iba a dejar que se los llevaran.

REFLEXIONES:
TUMBADO A UN LADO DEL ESTANQUE

Me acordé del hombre en el Evangelio de San Juan, capítulo 5, que estuvo tumbado cerca de un estanque durante 31 años, esperando que alguien viniera y lo llevara a las aguas frías. Al igual que él, hice lo mejor que pude con lo que tenía, con lo que sabía y con la fuerza que tenía en mí. Amé a Dios y quise seguir el camino por el que él me guió. Pero, llegué a un punto en el que a los 33 años de edad con tres hermosos hijos tuve que elegir entre la vida o la muerte.

Jesús le hizo al hombre que yacía junto al estanque la misma pregunta que mi médico me hizo: "¿Quieres sentirte completo o quieres escabullirte y perderte este increíble viaje de la vida y los buenos planes que tengo para ti?" Yo, al igual que el hombre inválido, sentía que no tenía a nadie que me pudiera ayudar a salir de mi situación. La vida, como mis hijos y yo la habíamos conocido, se había terminado. Sin embargo, en un instante Dios me mostró que mi vida no era para mí, sino para Su Gloria.

Su Gloria debía ser revelada en la manera en la que mis hijos vieron Su historia en mí.

Me mordí el interior de mis mejillas, decidiendo que las elecciones de Joe no tenían por qué derrotarme. No tenían por qué definirme.

¡Le pertenezco al Dios Altísimo! Mis hijos también. Soy amada y apreciada. Él siempre está presente. Él siempre es fiel, y Él no me abandonará. Elijo vivir, Jesús, pero necesito que me sostengas mientras lo hago. Apenas podía caminar.

El domingo siguiente, después de que tomé una decisión que me cambió la vida, que hizo que pasara de un lugar de debilidad a uno de fortaleza, vino un pastor local y me ofreció la comunión.

Mientras bebía ese jugo y comía el pan, supe que una piedra había sido removida de mi vida y que caminaría con el poder de la resurrección que estaba dentro de mí.

La elección que hice fue monumental. ¡Oh, la fidelidad de Dios! Dios escuchó cada llanto y vio cada lágrima derramada, y Él hizo una promesa.

"Vamos a enterrar esto y entonces verás mi poder. Una vida explosiva, íntegra y alegre vendrá de lo que estaba muerto."

Capítulo 25

El Dolor No Tiene que Imperar

Salem, Misuri

"Papá, no sé qué hacer. Él quiere el divorcio, pero sé que eso está mal. Le dije que no se lo voy a dar."

Papá se quitó las gafas y limpió las manchas con su camisa blanca de botones. Esperó el tiempo suficiente, supe que estaba meditando, probablemente orando pidiendo sabiduría.

"Tienes razón. Los votos matrimoniales son hasta que la muerte nos separe. No obstante, Darlene," dijo, mientras su rostro mostraba la pena que sentía por mí, por mi sufrimiento. "Algo murió en tu matrimonio." Sus palabras zumbaron, resonando en mí.

Consideré su sabiduría. Mi papá, el único hombre en mi vida en quien confiaba totalmente y que sabía que amaba a Dios con todo su corazón, me había dicho que estaba bien dejar ir mi matrimonio.

El teléfono sonó, irritando mis nervios los cuales se sentían como una herida apenas cubierta por una capa delgada de papel de piel nueva. Presioné el auricular contra mi oído, el largo cable del teléfono salía en espiral desde la cocina hasta la sala donde caminaba.

"Darlene, quería decirte que voy a regresar a Misuri para recoger el resto de mis cosas. Llevaré los papeles."

Silencio. No tenía nada que decir. Todas mis palabras se secaron y se dispersaron como hojas por un camino cerrado.

"¿Me escuchaste?"

"Si. ¿Cuando?"

"Estaré ahí mañana."

Cambié de un pie al otro, el plástico del teléfono me irritaba la mejilla. "Por favor, no traigas a Laura contigo. Por favor, no me hagas eso a mí, a los niños."

"Nunca haría eso," susurró, sonando más afligido de lo que le creía que era capaz.

Si vino, usando una cadena de oro alrededor de su cuello como si fuera un traficante de drogas o algo así. Firmé sus feos papeles en la oficina de su abogado y me quedé parada como una estatua. Empacó sus cosas y se llevó nuestro autobús, solo porque él así lo quiso y de todos modos ¿qué hubiera hecho con él? Luego, se fue. Me quedé viendo las luces hasta que la que fue nuestra casa durante los últimos siete años parecía un par de diminutos ojos rojos al final de una calle vacía.

Me enteré por su madre, que el autobús de Joe se había averiado cuando regresaba a las Carolinas, en las afueras de San Luis, Misuri. Se había puesto de acuerdo con su hermano, que era mecánico, para que fuera a ayudarlo. Su madre me dijo todo esto con un poco de esperanza en sus ojos, como si pudiera lograr que él regresara con solo aparecerme a un lado de la carretera. Tenía muy poco dinero, dinero que me habían dado unas iglesias generosas que se habían enterado de la manera en que Joe se había ido, y sabía que no podía hacer mucho. Aún así, metí un pequeño fajo de dinero en efectivo en mi bolso y subí al vehículo de Joeie, un auto golpeado que había pertenecido a su padre, conduje por la larga carretera hasta que vi el autobús en una parada de camiones. Me detuve en un estacionamiento cercano y caminé hacia el autobús. Me tragué el miedo que amenazaba con hacerme regresar a mi auto y fingir que nunca había estado allí.

Joe me vio y caminó hacia mí. "¿Qué demonios estás haciendo aquí, Darlene?"

Metí la mano en mi bolso y saqué el dinero. "Solo quería ayudar dándote un poco de dinero. Dijiste que no tenías," terminé débilmente.

Me fulminó con la mirada como si yo hubiera preparado todo, como si hubiera hecho que el autobús se descompusiera, para hacer que después me necesitara de nuevo. "No quiero tu dinero. ¡Vete! ¡Vete de aquí!"

Un temblor se apoderó de mis extremidades, pero, de alguna manera, me las arreglé para levantar mi barbilla, apartarme de mi marido, cuya cara ahora me parecía fea y caminé de regreso al auto. Entré, agarré el volante, las lágrimas que había intentado contener salieron ahora. Las lágrimas empañaron el camino gris que tenía delante de mí; sin embargo, logré conducir las horas de regreso a casa, orando todo el camino.

"¡Jesús, no entiendo! Ya sé que no me quiere. Pero ¿por qué no puedo ayudarlo por lo menos?" Hablé con Dios sobre ese dolor, dejé salir la presión en la pequeña cabina del automóvil. "¡Jesús, ayúdame!"

Más tarde esa noche, mi cuñado vino y me dijo: "Darlene, ¿estás bien?" Hizo una pausa. "Se enojó mucho porque Laura estaba en el autobús." Se quedó callado por un minuto antes de agregar: "Pensé que deberías saberlo. No fue tu culpa."

Solo le había pedido una cosa a Joe, y la había ignorado. Debió haber traído a Laura a Salem porque, ¿por qué otra cosa estaría ella en el autobús a pocas horas de la ciudad? Entonces, algo en mí lo soltó. Sabiendo que no podía confiar en él ni siquiera con esa única petición, hizo que abriera mi puño cerrado dirigiéndolo hacia el cielo, aflojé mi puño y dejé que la brisa arrastrara los fragmentos que había sujetado con agonía. *Lo voy a dejar ir, Jesús.*

Domingo de Pascua. Un nuevo día. Un día que proclamaba que el dolor no tiene que imperar. Vida nueva puede surgir de cualquier tumba, incluso una cubierta por una piedra tan grande que se necesitaron cuatro soldados para moverla. Y así, aunque mis pies me dolían con cada paso, avanzaba. Conté mis bendiciones: Tiffany, cuyos brazos estaban alrededor de mi cuello, presionó su mejilla suavemente contra la mía; la postura de Tamie se había expandido, levantaba la barbilla, había cambiado visiblemente, como un girasol después haber pasado un largo tiempo lejos del sol; la mano protectora de Joeie en la mía, demostrándome que me amaba y que estaba orgulloso de mí.

Jesús, tú eres mi fortaleza y mi salvación, mi ayuda siempre presente en tiempos de necesidad.

Los grillos frotaban suavemente sus patas contra el silencio nocturno, el teléfono chirrió contra la calma. Cogí el teléfono, presionándolo contra mi oreja.

"Darlene," suspiró Joe.

"Joe."

"Solo necesitaba escuchar tu voz."

¿Qué? ¿Mi voz? ¿Cuándo claramente elegiste quedarte dormido con la voz de otra persona que te dice buenas noches?

Tamie entró en la cocina, se quedó inmóvil, mirándome, envolvió sus brazos alrededor de su abdomen y luego salió silenciosamente, encorvando sus hombros.

"Te extraño," dijo Joe.

"¿Qué quieres?"

"Solo estaba pensando en aquella ocasión cuando..." Me desconecté de él cuando repasó nuestra historia, como si todavía la poseyera, a pesar de que el divorcio sería definitivo en menos de una semana.

Antes de despedirnos, le dije: "Joe, hemos terminado. Los niños y yo estaremos bien." Yo no sería la caja de resonancia para su culpa o arrepentimiento. Él quería dos mundos, uno que requería amor verdadero y otro que no esperara nada.

Pareció aceptar que no íbamos a estar hablando y recordando los viejos tiempos que nunca fueron tan buenos. Parecía saber que el estar tirando de mí, como si fuera una pequeña figura de plástico al final de una larga cuerda, con mi cuerpo raspando el cemento, no iba a funcionar.

Luego colgué, silenciando su voz.

Pero no completamente.

"¿Mamá?" Dijo Tamie, cuando nos sentamos juntas en mi cama después. "No vas a dejar que él regrese, ¿verdad?" Metió los pies por debajo de ella y se puso la manta alrededor de su cuerpo, haciendo que mi pequeña pareciera estar envuelta de blanco.

Una parte de mí quería gritar que todavía lo necesitaba, pero le dije a la chica que vivía dentro de mí que se callara. "No, Tamie. No lo haré. No volveremos a ser tratados de esa manera. Todos merecemos algo mejor." Al decir esas palabras en voz alta, palabras que habían comenzado a germinar solo unos días antes, le dio vida. La verdad me fortificó para lo que estaba por venir. Madre soltera o no, mis hijos eran mi regalo, mi responsabilidad, y permitir que jugaran con ellos y los atormentaran no era justo.

Y, por primera vez en mucho tiempo, me sentí un poco fuerte.

PARTE DOS

Capítulo 26
Decir "Sí, Acepto" Otra Vez

Salem, Misuri

Sin embargo, en todo esto somos más que vencedores por medio de aquel que nos amó. Pues estoy convencido de que ni la muerte ni la vida, ni los ángeles ni los demonios, ni lo presente ni lo por venir, ni los poderes, ni lo alto ni lo profundo, ni cosa alguna en toda la creación podrá apartarnos del amor que Dios nos ha manifestado en Cristo Jesús nuestro Señor.
—Romanos 8:37-39

El pastor Mike, el pastor de la madre de Joe, me habló acerca de un amigo suyo que había pasado por algo parecido a lo mío. "Darlene, no puedo pretender saber por lo que estás pasando, pero tengo un amigo al que le pasó prácticamente lo mismo. Su esposa lo dejó y él obtuvo la custodia de sus hijos. Él es pastor en Farmington. Tal vez él podría ser un apoyo para ti. Su hombre es Darryl Rhodes."

Un pensamiento se deslizó por mi mente. *Ese era el mismo lugar del cual me había hablado el Dr. Carnett, el lugar donde estaba el hospital estatal y donde estuvo a punto de mandarme.*

"Oh, que gracioso. Lo conozco."

"Bueno, tú conoces a muchos pastores."

"Sí, pero nos conocimos hace unos 18 años. En un campamento de la iglesia. Nos escribimos cartas por un tiempo."

"Mmm... Parece una coincidencia bastante bonita, ¿no te parece?"

Levanté el teléfono, sintiendo un hormigueo en mis labios, en la punta de mis dedos. Hablar de todo este dolor me parecía una terrible idea, era tan crudo. No obstante, sentía la necesidad de conectarme con otro ser humano que había pasado por algo similar, y así dejaría de convencerme, una vez más, de que todo era mi culpa. Necesitaba ser comprendida. Quería saber por qué se había desmoronado todo para Darryl. Entonces, tal vez también tendría más sentido para mí.

Llamé a la oficina de la iglesia por la noche, pensando que podría dejar un mensaje y hablar más tarde. "Está llamando al Templo del Calvario; ¿Puedo ayudarle?" La voz de la mujer sonaba tan dulce y ansiosa que odiaba colgarle.

"Sí, mi nombre es Darlene, solía llamarme Darlene Hassell. Me dieron el nombre del pastor Darryl porque..." *¿Qué? ¿Porque mi esposo me dejó igual que a él lo dejó su esposa?* Las palabras sonaban ridículas. "Nos conocimos hace mucho tiempo y ... el pastor Mike me dio su nombre y me dijo que podría ser una buena idea llamarle." *Bueno, ¡eso sonó horrible!* Me encogí, pensando que la mujer seguramente pensó que era una mujer perdida y patética.

"¿Podría esperar un segundo?"

Respiré hondo y esperé. En un minuto, una profunda voz detuvo el giro de mis pensamientos. "¿Darlene?"

Tartamudeé durante una eternidad antes de decir: "Sí, habla Darlene. Del campamento de la iglesia," continuó la idiota dentro de mí. El pastor Mike me contó un poco sobre tu divorcio y me sugirió que te llamara. Pensó que tal vez hablar contigo sería bueno para mí. Terminé con: "Porque mi esposo se fue y estábamos en un grupo de cantantes itinerantes, un ministerio." Simplemente decidí dejar de hablar porque pensé que ya había hecho suficiente daño.

"Bueno, me encantaría reunirme contigo y platicar. ¿Dónde vives ahora?"

"Salem."

"¿Qué te parece si voy para allá, de esa manera podemos ponernos al día?"

El nudo en mi pecho retrocedió un poco. Se sentía menos como una reunión de lástima o incluso una sesión de terapia. Parecíamos más como dos viejos amigos conviviendo.

Puedo hacer esto.

Darryl había cambiado mucho desde que habíamos estado en la escuela secundaria. Había crecido y embarnecido también. Me ofreció una sonrisa radiante cuando entró en el estacionamiento y salió de su auto.

"¡Darlene! Dios mío, ha pasado mucho tiempo." Me dio un abrazo de oso y luego me soltó. "Te ves igualita."

No pude evitar sonreír ante su entusiasmo. Me sentí pequeña al lado de su imponente figura. "Tú no," le contesté.

"Bueno, ya sabes, crecí un poco." Otra vez, con su sonrisa ganadora.

Nos sentamos en una mesa de la esquina, y él comenzó a compartir. "Sabes, cuando mi esposa se fue, sentí que mi mundo se derrumbaba. No lo vi venir ¿Y tú?"

Asentí. "No lo admití, pero vi las señales de antemano. Y me esforcé mucho para arreglarlo." Me miré las manos, sintiéndome expuesta ante esta persona que casi no conocía, pero, de alguna manera, estaba relajada. "Pero no pude. Él no quería solucionarlo. Él solo quería irse."

Se inclinó, cruzando las manos. "Si, definitivamente tiene que ser algo mutuo. ¿Obtuviste la custodia de tus hijos?"

"Si. Él solamente quería el autobús." Sentí que se calentaban mis mejillas... sabía que no había sido lo suficientemente buena, al menos no a los ojos de Joe. Acababa de empezar a ver la diferencia entre la opinión que Joe tenía de mí y todas mis deficiencias, y la visión generosa que Dios tenía sobre mi corazón.

Mientras hablábamos, me di cuenta de que él había luchado por sus hijos: las lágrimas ardían en mis ojos. En realidad, se preocupaba más por ellos que por su propia comodidad. Nunca había visto eso con Joe. No, todo siempre tenía que girar en torno a él. Siempre en torno a su placer, su gloria y su pedestal.

Darryl me evaluó por un segundo antes de decir: "Darlene, sé que esto duele más que nada. Pero hay esperanza. El dolor no será tan intenso toda la vida."

Hablamos durante horas, y el tiempo se pasó volando. Y cuando nos despedimos, supe que algo se había alzado, una capa de las muchas que estaban por irse, todavía estaba muy consciente del dolor, pero este se había suavizado un poco, como cuando el agua pasa sobre una roca irregular, redondeando y suavizando sus bordes.

Darryl pasó la noche en la casa del pastor Mike. Alrededor de mediodía, me llamó cuando iba de regreso a su casa. "De verdad me gustaría verte de nuevo," dijo, su voz esbozada cierta vulnerabilidad, pero también otra cosa. Algo que gritaba: "No soy un muerto viviente. Estoy vivo y no voy a darme por vencido en esta pelea. Yo sé quién soy." Y aunque eso tiró de mi pecho, con la atracción magnética de su fortaleza, no pude seguir adelante. Aún no.

"No estoy lista para una relación, Darryl. No sería justo para ti o para mí fingir que lo estoy." *De todos modos, las cosas rotas no encajan bien. No sin mucho pegamento y cinta adhesiva.*

Su voz profunda y amable dijo: "Entiendo, pero… te gustaría tomar una taza de café antes de que me vaya, ¿lo harías?"

Por supuesto, lo haré. Me haces sentir que no siempre seré tan frágil. Pero estoy muerta de miedo. "Supongo que eso no me haría daño, ¿verdad?"

"No, en absoluto," dijo, y pude ver por su voz que estaba sonriendo.

Joeie se inclinó sobre su guitarra en la sala, concentrándose en sus dedos moviéndose sobre las cuerdas como si el instrumento perteneciera a ese lugar, como si fuera una extensión de sí mismo. Tiffany y Tamie se sentaron en las sillas, Darryl tocó su guitarra mientras Joeie y yo cantábamos. La luz de la lámpara brillaba en el espacio y, a pesar de que había otro hombre en mi casa interactuando con mis hijos, hacia los cuales me sentía ferozmente protectora como si fuera cuestión de vida o muerte, una calma me calentó el pecho.

No entendía lo que estaba pasando. A pesar de los límites que le había impuesto a Darryl, él no renunció a nuestra amistad. Aunque las chicas, especialmente, habían rechazado que Darryl comenzara a pasar más tiempo con nosotros, se ablandaron; parecían entender que no era egoísta, que le importaba y que amaba a Dios. Nuestra conexión era sencilla y cómoda, y nada parecido a como había sido con Joe, con quién teníamos que andar con rodeos con ciertos temas o temiendo insultar su orgullo. Darryl me extendió una cuerda salvavidas, llevándome de vuelta a la costa desde un mar infestado de tiburones.

Incluso a papá le gustaba, me dijo con un brillo de complicidad en sus ojos marrones: "Es un buen hombre, Darlene." Algo que nunca había dicho sobre Joe. Además, mis hijos parecían sentirse a gusto a su alrededor. No como lo que habían experimentado diariamente con su padre, que era como andar en un campo minado.

Darryl llevaba la paz de Dios en su corazón, al igual que mi papá. Me encontré comparándolos más y más. Las similitudes disminuyeron la preocupación que sentía de vez en cuando pensaba en amar a otro hombre de la misma manera en que una esposa ama a su marido.

Entonces, un domingo por la tarde estando en su casa, parado en la gran sala, me dijo: "¿Te gustaría ser mi esposa?"

El miedo me atenazó, diciéndome que corriera, diciéndome que quedarme atrapada en una relación controladora me mataría. "¿Estás hablando de matrimonio?" Sus palabras no tenían sentido. No estaba lista. "¿Cuando?"

"Pronto." Levantó mis manos con la punta de sus dedos. "No es bueno para nosotros tener citas por mucho tiempo. Yo siendo un pastor. Tú sabes qué todos nos observan."

"Darryl, en este momento me siento muy vulnerable y asustada." El reloj hacía tictac en la pared, insistente, presionándome.

"Lo sé, Darlene. Y no quiero aprovecharme de eso. Pero creo con todo mi corazón que esta es la voluntad de Dios para con nosotros."

Tenía mis dudas. ¿Alguna vez pensé, en lo profundo de mi pecho, que Joe era el que Dios había elegido para mí? Me recordé parada en su sala cuando papá le dijo: "No vine aquí para decirte que te cases con mi hija." Consideré que tal vez en ese momento, esa *no había* sido la voluntad de Dios. Sin embargo, si no me hubiera casado, no habría tenido a Tamie y Tiffany. ¿Cómo podía notar la diferencia? Vi cómo Dios trajo la belleza y bendiciones incluso de mis errores, pero Su voluntad... eso no era algo que yo pretendiera saber.

Darryl rozó mi mano con su pulgar, sus ojos brillaban por las lágrimas. Y esperó mi respuesta.

Cuando hablé con papá sobre mi futuro y mis preciosos hijos, este puso una mano en mi hombro y me dijo: "Creo que Darryl es un regalo de Dios. Él te ama, Darlene."

Incluso en la mañana de la boda, me pregunté: "¿Estoy haciendo lo correcto?"

Y al igual que un ciervo con las luces brillando en sus ojos, dije: "Sí, acepto," sintiendo que esa era la decisión correcta a pesar de mi terror.

Darryl se detuvo en la tienda y dijo: "Adelántate, voy a estacionar el auto." Cuando no me moví, me miró a los ojos y agregó: "Nos vemos en un momento, ¿de acuerdo?" El auto zumbaba debajo de mí, sacudiéndome, liberando el miedo estrechamente escondido que nunca había desaparecido, que siempre me recordaba lo pequeña que era.

Sentía comprimido mi corazón, y el aire se volvió muy delgado. *Me está dejando. Ahora sabe en qué se metió y quiere escapar. ¡Nunca regresará!* Las imágenes se filtraron. Tomaba sus pertenencias y las amontonaba en el autobús. La línea de los documentos de divorcio vacía. Alguien entregándome una pluma. Joe esperando que le diera mi consentimiento para irse. Las luces del autobús brillando en la oscuridad.

Darryl presionó sus labios contra los míos y luego retrocedió lo suficiente para decirme: "Regresaré. Te lo prometo." Busqué sus ojos, tan cerca ahora, suaves orbes marrones que decían: "Créeme. No soy como él." Entonces tomé una decisión. Elegí tomarle la palabra, sintiendo que la calma regresaba a mis extremidades entumecidas.

Entonces, Jesús me susurró una verdad absoluta. La gente nos fallará, pero Él dijo: "Nunca te dejaré ni te desampararé."

Capítulo 27

Heridas Espirituales

San Luis, Misuri

Mírame. Soy la esposa de un pastor. Siempre me imaginé a mí misma siendo parte del ministerio de esa manera. Ahora, el viejo sueño me tocó el hombro y me pidió que recordara de dónde venía, que mis esperanzas se habían cumplido de esta manera. Sin embargo, mi ineptitud me mordió los talones, recordándome a la niña que temía a su propia sombra, que temía las palabras ásperas de mamá, que temía erguirse demasiado, la chica que abandonó la escuela secundaria y nunca regresó.

"Regreso en un segundo, bebé." Darryl presionó mi hombro con su mano y luego se fue. Me hundí en mi asiento en la gran sala de conferencias, sintiendo la repentina pérdida de su calor, la pérdida de su imponente presencia que me mantenía derecha. Me volvía fuerte y, sin él, no sabía cómo ser la mujer que todos esperaban que fuera. El enorme espacio lleno de gente amenazaba con tragarme. Me sentí como un zángano en una enorme colmena, batiendo mis alas para evitar la muerte. La habitación parecía presionarme, como si las paredes estuvieran en correderas, haciendo presión en mi pecho. Mi corazón martilleaba y se me dificultaba respirar. *Jesús, te necesito. Tú eres mi fortaleza. Estoy aquí por ti, por eso no tengo que tener miedo.* Seguí aconsejándome hasta que cedió el pánico y mi corazón se calmó. *Puedo hacer esto gracias a ti, Dios.*

¿Cómo puedo ser y hacer todas las cosas bien? Prefería estar en una habitación tranquila, rodeada de silencio, orando y escuchando, al papel que tenía que desempeñar ahora donde tenía que ser el centro de atención. No soy nada, Jesús. Estoy muerta de miedo. Aún así, dos mundos se enfrentaban entre sí: uno en el que me sentía tan pequeña como un grano de arena en medio del océano, donde el miedo me dominaba, y otro, en el que entraba en territorio nuevo, donde hablaba sobre la sangre sanadora de Jesús.

El sueño que se había mantenido vivo a lo largo de los años de la serpiente, y el miedo y la impotencia, impresos en mi mente, como si fueran una nota que me dijera que preste atención. Recordé lo que sentí en el suelo del bosque. Recordé el terror que sentí. Recordé el siseo, los besos y la tentación de quedarme quieta, de no causar problemas. *Si te quedas en tu lugar, estarás bien.*

Pero estaba harta de sobrevivir. Estaba harta de que los rieles se estrecharan hasta que sentía que no podía moverme. Estaba harta de las viejas palabras que jugaban con mi mente, diciéndome que me callara, me sentara y dejara de causar problemas.

Quería pararme y gritarle a mi pasado, a mi prisión auto-impuesta, "¡Aléjate de mí en el nombre de Jesús!" Y correr. Correr hacia la libertad que Jesús había estado esperando darme todo el tiempo.

Tulsa, Oklahoma

"Porque tú, Señor, eres bueno, y estás listo para perdonar, y eres abundante en misericordia." El dolor no iba a ceder. Billy Jo Dougherty continuó con el cierre del servicio después del conmovedor sermón de Jack Hayford. Me moví en mi silla, incapaz de estarme quieta. Por supuesto, él no sabía nada de mi tormento mientras hablaba. Quería taparme los oídos y cantar lo suficientemente fuerte como para que hacer que su voz desapareciera, junto con el mensaje de Hayford que aún resonaba en mi pecho.

Billy Jo me señaló directamente. "La señora sentada alrededor de la décima fila, ¿podría venir para acá? Quiero rezar por usted." Me hundí en mi asiento, jalé mi chaqueta gris como si pudiera usarla para cubrirme lo suficiente como para no ser vista. Repitió las palabras, y traté de comprender.

Alguien me tocó por detrás. "Creo que está hablando de usted."

Levanté la vista, toqué mi pecho y exclamé: "¿Yo?"

"Sí, ¿él es su marido?" Lo dijo Billy Jo a través del micrófono.

Volví a asentir.

"Tráelo contigo."

Nos abrimos paso hacia el frente y él nos habló directamente. "Ustedes no son cristianos de segunda clase, los planes de Dios no han cambiado para sus vidas solo porque el enemigo intentó robarlos. La unción de Dios está sobre ustedes. Regresen a su habitación de hotel y perdonen a todas las personas que los han lastimado. Déjenlos ir y dejen ir las heridas del pasado."

En nuestra habitación del hotel, dejé salir el dolor. Creía que Dios me estaba pidiendo que perdonara a mi mamá, que liberara sus palabras y sus acciones y su disgusto, que los dejara fuera de la caja donde los había mantenido durante tanto tiempo. En ese espacio, había ocultado mi amargura, creyendo que no me había aferrado a ella. Sin embargo, muy a menudo la vieja herida hacía eco, como si fueran gritos en un cañón, el dolor palpitaba contra las paredes de piedra que había construido.

"Señor ayúdame." Le hablé al silencio de mi tristeza, sabiendo que Él me escuchaba. "Ayúdame a perdonarla." Sabía que la caja que tenía apretada contra mi pecho me impediría salir para poder hablar sobre el amor que todo lo consume, que no retiene nada de nuestro Jesús—El tipo de amor que permitió que le clavaran las manos en la madera dura y aún así dijera: "Perdónalos."

Entonces, el Señor me mostró a mi madre, una mujer herida por sus propias sombras antiguas, perpetuadas, muy probablemente, porque ella también tenía su caja de pesares. Vi a mamá como una persona quebrantada, llena de dolor, tratando de estar completa cuando solo estaba pegada, nunca había sanado realmente.

Verla de esa manera me permitió dejarla ir y recordarla como una compañera hija de Dios, luchando, como tantas veces lo hice, con las mentiras que me dije a mí misma.

"Te perdono, Mamá. Y te amo."

Después de eso dejé caer mis otras viejas heridas. Joe y las heridas espirituales que nos había infligido a mí y a mis hijos. Perdoné a mi primo que me había robado un pedazo de mi infancia y lo había devorado. Y, de alguna manera, Dios restauró lo que él había tomado.

Dejé que lo que sostenía esas heridas se disipara, como si fuera un pedazo de montaña que me había estado sobrecargando de miedo y vergüenza. *Jesús, tómalo todo. Perdono. Ahora lo dejo ir.*

Capítulo 28
Amor Verdadero y Paz Verdadera

Palabras de Tiffany

Farmington, Misuri

A los nueve años, me sentía asustada por dentro todo el tiempo. Me daba miedo irme a dormir. Me daba miedo mirar a papá durante nuestras visitas y escuchar las mentiras que nos decía sobre que nos amaba más que a cualquier otra cosa. Temía descubrir que no me amaba en absoluto. Darryl fue amable y nos cuidó, pero todos los cambios rebotaban dentro de mí. Me sentía confundida y fuera de lugar, como si me fuera a resbalar y caer en cualquier momento.

La última vez que Tamie y yo visitamos a papá, pasó algo terrible. Estábamos paradas en el porche delantero viendo a papi que regresaba en su gran camión viejo de 18 ruedas. El largo vehículo avanzó un poco hacia atrás, y, justo en ese momento, un hombre que iba en un auto tomó la curva muy rápido, sin prestar atención a la carretera. Su coche se deslizó dentro del remolque en la parte trasera del camión. Tamie y yo nos quedamos paradas en el primer escalón de la casa, viendo cómo sucedía todo, como si pasara en cámara lenta. El hombre murió en un instante, la fuerza del accidente lo había decapitado. La sangre roció la ventana delantera, el sonido chirriante del metal y mis propios gritos llenaron mis oídos. A partir de ese momento, el terror nunca desapareció. No podía escapar de él. Había vivido allí antes, pero el accidente dejó el miedo fuera de la caja.

Papá Darryl entró en mi habitación y se sentó a un lado de mi cama, su peso la inclinó un poco hacia un lado. "Buenas noches, Tiffany. Dulces sueños."

Las lágrimas me quemaron la garganta porque sabía que no serían dulces. La noche le daba tiempo a mi cerebro para dejar de fingir que no sentía miedo. La noche le daba tiempo para crecer y sofocarme.

"¿Estás bien?" Me miró y esperó.

No pude contener las palabras y los sollozos, "¡Tengo mucho miedo!" Dejé salir la verdad de mi constante ansiedad. "¡Ni siquiera quiero irme a dormir!" Porque entonces vendrían los sueños, imágenes de coches, sangre y la sonrisa de papá.

Papá Darryl y mamá habían venido suficientes veces en medio de la noche, despertados por mis gritos. "Tiffany, sé que parece que esto nunca mejorará, pero lo hará. Pero tienes que dejar que Dios lo posea. No lo guardes dentro." Se detuvo por un segundo y dijo: "Oremos de nuevo."

Asentí, deseando que Dios lo mejorara todo.

Presionó una mano cálida sobre la mía. "Querido Jesús. ¿Podrías confortar a tu hija? ¿Podrías quitarle el miedo y reemplazarlo con valor? Por favor dale consuelo y recuérdale que estás cerca y que nunca la abandonarás. Ruego que ella sepa que lucharás esta batalla. Rezo para que ella sienta tu paz."

Entonces algo cambió en mí. Comprendí el verdadero amor y la calma verdadera y profunda, como se ve un lago cuando todos los peces están dormidos.

Dormí profundamente esa noche. No soñé nada.

Capítulo 29
Los Sueños Alcanzan el Horizonte

Conferencia de Pastores, Texas

La multitud se agitó cuando Daisy Osborn subió al escenario, colocando un pie de tacón alto frente al otro, luego de pie detrás del podio, miró a la multitud de personas que estaban hambrientos de algo refrescante. Había oído todo sobre ella y el ministerio que dirigía, que le pedía a las personas que predicaran sobre el amor y la esperanza de Jesús a las personas de todo el mundo.

Daisy envolvió sus dedos sobre el borde del podio, parecía mirarme directamente cuando comenzó a decir cómo todos somos iguales ante los ojos de Dios, que todos tenemos el mismo lugar de honor y valor en su reino, que todos hemos sido llamados, ungidos, fortalecidos, amados y equipados para cambiar el mundo: sin importar el género, sin importar el color de la piel, sin importar la debilidad que percibamos, sin importar la educación o la falta de ella.

Mientras contaba su relato a través de la enorme habitación, lo vi. Me puse de pie, viendo a las mismas mujeres y niños de piel oscura llenando el espacio hasta el horizonte, innumerables caras mirando hacia mí. Hablé, enseñé y compartí mi historia.

REFLEXIONES: "VAYAN Y VEAN QUÉ PUEDEN ENCONTRAR."

¿Cuántos panes tienen ustedes?, preguntó. "Vayan a ver."
Después de averiguarlo, le dijeron: "Cinco, y dos pescados."
—Marcos 6:38

Los discípulos deambularon por aquella ladera, pensando probablemente: "¿Cuál es el punto? Nunca encontraremos lo suficiente para todas estas personas." Debieron haber pensado que el consejo de Jesús de "vayan a ver" era ingenua. "Muy bien, Jesús. Sin embargo, esto es una pérdida de tiempo."

Entonces, observaron y encontraron a un niño sentado entre la multitud con su almuerzo, probablemente empacado por su mamá, en una canasta junto a sus pies descalzos. Con un suspiro, me imagino, un discípulo le preguntó al chico si estaría dispuesto a compartir. ¿Me pregunto, que habrá pensado el chico? ¿Era infantil en su incapacidad para percibir el absurdo, así que simplemente asintió y sonrió, sin la menor idea de que no estaba lo suficientemente cerca? ¿Estaba confundido pero cedió de todos modos?

En mi historia, entré en un cuchicheo abrumador de personas, y todo lo que tenía era a mí misma, débil y la mayor parte del tiempo muerta de miedo. Pero se lo ofrecí a mi Padre amoroso, Él sonrió y dijo: "Darlene, no me asusta lo poco que me ofreciste. De todos modos, no quepo dentro de la pobre ofrenda. Voy a tomarla y la voy a transformar. Sólo observa."

"Ve a ver que puedes encontrar," dijo.

Él no necesita "suficiente." Solo necesita que estés dispuesto a salir de esa ladera y confiar en que Él hará el resto.

Capítulo 30

Alas Cafés Contra un Cielo Azul

Eldoret, Kenia

El pastor Julius nos acompañó a los orfanatos donde llevamos provisiones y juguetes, luego predicamos en el pueblo cercano.

Darryl se subió a la plataforma desvencijada hecha con trozos de madera, que había sido desechada y ahora estaba reutilizada. Lo seguí y me senté a su lado, mirando a la multitud de hombres y mujeres amontonados en un área cubierta de hierba, el sol golpeaba sin tomar un descanso. Le habló a los hombres y mujeres de la comunidad sobre la esperanza y el amor de Jesús mientras los niños jugaban y se reían. Las telas de colores brillantes que llevaban las mujeres hacían que el lugar pareciera una colcha de retazos que vivía, respiraba y se balanceaba. Muchas de ellas llevaban a sus bebés envueltos presionados contra sus senos, atados con retazos de color púrpura. Varios niños pequeños usaban palos para batear por los alrededores una lata oxidada, raspando al mismo tiempo la tierra de color marrón rojizo. El amor que sentía por estas personas se hinchó dentro de mí, consumiendo el espacio en mi pecho donde mi corazón trató de mantener el paso debido a la intensidad de la sensación.

Darryl dijo las palabras de la canción que yo iba a cantar a continuación, para que los intérpretes pudieran explicar su significado antes de que comenzáramos. "Oh, Señor Dios mío, cuando, con un asombro maravilloso, considero todos los mundos que Tus manos han hecho..." Luego las letras, bellamente reflejadas en swahili, me envolvieron, me contaron mi propia historia: desde un lugar de cautiverio a un lugar de restauración, ¡todo gracias a Él!. "*Bwana Mungu wangu, wakati mimi ni ajabu, fikiria ulimwengu wote, Mikono yako imefanya ...*"

Más temprano ese día, me había sentado con una mujer, la fiebre le producía puntos de transpiración en la frente, y oré, con mi piel blanca contra su piel café. Tomé la mano de una jovencita cuyas penas no entendí realmente, pero de alguna manera me sentí conectada, y juntos lloramos y pedimos a Jesús por algo nuevo. Y había presionado la cabeza rizada de un bebé contra mi pecho, donde se quedó dormido y suspiraba, hasta que el olor de la suciedad en su pañal de su tela me recordó su enfermedad.

Esto solo era el comienzo. Y la esperanza creció en mí como una ganga, que bate sus alas opacas desde el lugar donde esta camuflada sobre la tierra seca, hacia el cielo, contrastando contra el azul vibrante.

Capítulo 31

Un Sueño que se Vuelve Realidad

Nakuru, Kenia

La lluvia caía sobre una multitud de más de 3,000 mujeres registradas en Nakuru. Los niños relucían, entrando y saliendo de la masa de hermosas mujeres de rostro oscuro. Las damas, envueltas en telas multicolores, se reclinaban sobre sus manos o se inclinaban hacia delante con las caras apoyadas en las palmas, escuchándome atentamente mientras predicaba sobre Jesús y la esperanza y el poder que Él nos ofrece, sobre el profundo amor que Él nos da.

Después, celebramos el culto juntos, elevando nuestras sonoras voces a Dios, sonrisas tan blancas contra tonos de piel marrón, bailando al ritmo del tambor, que era tocado por unas palmas ansiosas de ser escuchadas.

¡Gracias por amar tanto a estas mujeres, Jesús! ¡Gracias porque puedo decirles todo sobre Ti!

Durante la última noche de nuestro encuentro, un joven keniano le dijo a mi esposo: "Después de Daisy Osborne, nunca nadie había venido y hablado del corazón de Dios a nuestras mujeres con tanto amor, poder y autoridad como lo han experimentado en esta reunión a través de la Palabra hablada por medio de su esposa."

Cuando mi esposo me compartió lo que le había dicho el hombre, recordé aquella reunión hace tanto tiempo, en la que las palabras de Daisy Osborne se agitaron en mi pecho, y vi un hermoso mosaico de colores y caras africanas, una visión de lo que estaba por venir.

¡Señor, Eres tan bueno y fiel! ¡Tomaste a una chica muerta de miedo y la convertiste en alguien lo suficientemente audaz como para compartir la verdad con miles! Sólo Tú, Jesús. ¡Sólo Tú!

Capítulo 32
El Corazón y la Curación

Farmington, Misuri

De regreso a casa, seguí sirviendo en la iglesia y ayudé con la escuela que estaba alojada allí. Recordé la última conferencia en Kenia y sonreí.

Sólo Tú, Jesús.

Estaba sentada en el escritorio de mi oficina, trabajando en el programa abierto en mi computadora, cuando mi corazón se agitó, como si fuera un errático batir de alas dentro de mis costillas, luego una pausa y otro revoloteo. La habitación comenzó a dar vueltas y a ladearse, y grité hacia la oficina principal: "¡Necesito ayuda!" Sabía que debía plantar mi cabeza entre mis rodillas, rezando para que el mundo volviera a enfocarse, para que las líneas nítidas reemplazaran a las onduladas. Darryl corrió y puso su mano en mi hombro.

"¿Qué pasa, Darlene? ¿Estás bien?" El miedo afiló su voz como lo hace un contorno oscuro sobre un dibujo en colores pastel.

"No sé." Esperamos, Darryl oró y lentamente la sensación pasó.

Más tarde esa noche, fuimos a San Luis y celebramos el duodécimo cumpleaños de nuestra nieta mayor, pero sabía que algo no estaba bien en mi cuerpo. Las extrañas sensaciones disminuyeron unos cuantos días, pero volvieron con una venganza cada vez mayor. Así que, hicimos una cita con mi médico para asegurarnos de que todo estaba bien, este a su vez me recomendó ir con un especialista del corazón.

El diagnóstico llegó con dos palabras enormes y aterradoras: taquicardia ventricular. "En pocas palabras, esta enfermedad se caracteriza por la presencia de impulsos eléctricos irregulares, que hacen que su corazón se acelere o palpite de manera irregular." El doctor hizo una pausa. "Esto puede hacer que su corazón tenga dificultades porque al latir de forma errática no permite que sus ventrículos se llenen de sangre, para poder bombearla a su cuerpo, antes de volver a latir."

Me enviaron con un cardiólogo en Festus que intentó frenar la taquicardia con medicamentos sin éxito. Luego me enviaron con un electrofisiólogo que me hizo una ablación para detener los latidos cardíacos erráticos. Después de cinco horas tratando de controlar los latidos del corazón, el médico le dijo a mi esposo que no había tenido éxito y que quería enviarme al Hospital Barnes en San Luis con su maestro, el Dr. Lindsey, un electrofisiólogo.

El Dr. Lindsey se frotó la barbilla con una mano. Observé su rostro, esperando que hubiera un destello de buenas noticias. Había pasado por una avalancha de nuevas pruebas y estaba cansada, pero todavía tenía la esperanza de que Dios todavía tuviera planes para mí. "Ya que su ablación no funcionó debido a que el lugar que necesita ser extirpado está demasiado cerca de la arteria coronaria, la única opción quirúrgica que nos queda en este momento es la cirugía a corazón abierto. Pero tengo que serle honesto, sus posibilidades de sobrevivir no son buenas, debido que existe un gran potencial de que se desangre. Entonces, me parece que deberíamos comenzar una terapia con medicamentos que le puedan ayudar a regular los latidos irregulares."

Entonces, comenzamos los medicamentos, esperando que tuvieran éxito.

Cuatro meses después de mi primera visita con el Dr. Lindsey, me quedé a pasar la noche con Joeie mientras Darryl estaba en un viaje de liderazgo en Kenia y Uganda. Me quedé y me fui a ayudar a cuidar a mi nieto, Corey, el niño de Joeie. Nos dirigíamos al centro comercial para recoger su esmoquin para la boda de nuestra hija el próximo fin de semana, después de que Darryl regresara a casa.

Saqué el auto a la carretera, respirando profundamente. Desde mi diagnóstico, sentía que mi cuerpo se volvía lento y batallaba. Algunos días, solo me quedaba acostada en la cama, no me sentía lo suficientemente bien como para hacer las labores de la vida cotidiana. Muchos días me sentía como si estuviera pegada, incapaz de moverme y funcionar como una persona normal. La pequeña carretera que conectaba el vecindario de Joeie con el lado concurrido de la ciudad se extendía frente a mí. No obstante, las líneas comenzaron a desdibujarse y mezclarse, entretejiéndose una y con la otra.

Vi los conos anaranjados de construcción más delante. Colores naranja, gris, blanco comenzaron a zigzaguear.

"¿Estás bien, mamá?" Escuché las voces pero no podía responder. Solo sabía que tenía que llegar a la lateral de la carretera. No quería que mi niño saliera lastimado. *Solo llegar a la lateral.*

Varios golpes y el grito de Corey me sacaron de mi confusión mental, logré salir hacia un estacionamiento que estaba enfrente de un centro comercial y un Baskin Robbins. La parte delantera del auto se inclinó hacia la derecha, me dí cuenta de que por lo menos la llanta estaba ponchada. Corey marcó el número de teléfono celular de su papá y le contó lo que había pasado, le dijo algo sobre el auto y que yo hablaba y actuaba de manera rara. Luego me dio el celular, quitó las llaves del encendido y las guardó en su bolsillo. Presioné el teléfono contra mi oído mientras Joeie hablaba y hablaba sin parar, haciéndome preguntas una y otra vez, yo solo quería acostarme y dormir, pero él no me dejaba. De repente ya estaba ahí, también recogió a Corey, entonces la calle se volvió mas y más borrosa hasta que por fin llegamos al hospital.

Más tarde, me dijeron que había tenido un derrame cerebral debido a un coágulo en el tronco encefálico. También descubrieron que tenía un agujero en mi corazón, probablemente estaba allí desde mi nacimiento, pero no tenía nada que ver con la taquicardia ventricular. Darryl se enteró de mi accidente cerebrovascular desde el otro lado del Atlántico y que su madre había fallecido, pero no pudo volver a casa hasta más de una semana después, *Señor, confío en ti. Confío en ti.*

Salí del hospital con una advertencia del neurólogo. "Preferiría que no vayas a la boda de tu hija y vivas para ver crecer a tus nietos." Pero no quería vivir con miedo. Quería vivir la vida que tenía delante de mí. Así que me reuní con Darryl en el aeropuerto y lo atraje hacia mí, dándole un beso en los labios, luego fui al funeral de mi suegra, sostuve la mano de Darryl y lloré con él. Vi cómo mi esposo celebraba la boda de nuestra hija, sonriendo mientras les daba la bendición a su matrimonio.

El día siguiente era la Pascua. Sabía que tenía la promesa de que, sin importar que rumbo tomara mi salud, el poder de la resurrección de Dios residía en mí, justo en el centro de mi corazón.

A finales de año, me colocaron un sello sobre el agujero en mi corazón. Al año siguiente, tuve una Funduplicatura de Nissen, que involucraba envolver una porción de mi estómago alrededor del esfínter esofágico inferior.

Los años siguientes estuvieron marcados por más y más episodios, por lo que aumentaron mi medicina hasta la máxima dosis permisible.

De acuerdo con el Dr. Lindsey, la cirugía a corazón abierto o intentar otra ablación solo me ofrecía una posibilidad de éxito de una entre cien.

Por lo tanto, esperamos, me preguntaba si todo lo que habíamos hecho en Kenia y en los otros lugares a los que habíamos viajado y ministrado se tendría que cerrar. Me pregunté si mi camino en esta tierra estaba llegando a su fin.

A pesar de las luchas con mis problemas de salud, Dios me brindó su gracia y favor. Darryl y yo seguimos viajando y predicando. Seguí pastoreando junto a mi esposo en nuestra iglesia local, y continué con mi vida cotidiana. Regularmente leía las curativas Escrituras, luego declaraba que, "Viviré y no moriré. ¡Y anunciaré las maravillas de Dios!"

Cuando la gente me preguntaba, con preocupación en sus ojos, "¿Cómo estás, en serio?"

Yo les respondía honestamente: "Todo está bien." Me llenaba la confianza de Dios. Pensé en la pequeña mujer sunamita de la Biblia que, convencida de las promesas que había recibido, incluso cuando murió su hijo, confiaba. Y su hijo se levantó entre los muertos.

Muchos domingos, me levantaba para arreglarme y me tenía que recostar en la cama. Darryl me decía, "Cariño, está bien si hoy te quedas en casa." Mi respuesta siempre era la misma: "¡Hoy podría ser mi día para recibir un milagro!"

Cada vez que entraba en la casa de Dios y asistía a la iglesia, Él siempre me fortalecía. Y disfrutaba ese momento de adoración en Su casa.

Capítulo 33
Hablándole a las Hermosas Masas

Armenia y la República de Georgia, 2002

Aún así, seguimos adelante, confiando en que Dios me permitiría hacer lo que me había ordenado durante el tiempo que él lo permitiera. Darryl organizó un equipo de predicación para que fuera a Armenia y luego a la República de Georgia con todo su historial de control soviético, los remanentes aún se aferraban al espacio. Le preguntó al organizador de la conferencia en Armenia si me permitirían hablar en el equipo de liderazgo como a cualquier miembro del equipo. Nuestro anfitrión en Armenia respondió: "No, creo que no podemos hacer esto. No podemos permitir que una mujer sea oradora."

Al segundo día de esa conferencia, uno de los miembros de nuestro equipo de ministerio, el pastor Steve, enfermó seriamente y no podía ministrar. De por sí ya eramos pocos, solo quedaban mi esposo y otro hombre, Darryl habló nuevamente con nuestro anfitrión, quien había programado las actividades de la semana. Le explicó que el otro pastor se había enfermado. Le preguntó si su esposa podía ocupar su lugar, a pesar de que ella era mucho más pequeña por fuera.

Nuestro anfitrión, siendo cortés con la solicitud de Darryl, fue con el obispo Rubik para transmitirle la información, entonces se me concedió permiso para ser oradora. Después de que prediqué en aquella primera sesión, Dios orquestó una invitación abierta no solo para seguir predicando con el equipo de liderazgo, sino también para llevar a cabo conferencias para mujeres en Armenia.

El respaldo del Obispo Rubik fue: "Puedes predicar en cualquiera de mis iglesias en cualquier momento."

Después de la conferencia en Armenia, cruzamos la frontera hacia la República de Georgia. El paisaje verde me habló, un río brillante que avanzaba con nuestro vehículo. Algo nuevo estaba creciendo en medio de toda esa belleza antigua.

Nuestros anfitriones para esta conferencia ya habían aprobado que yo formara parte del equipo de liderazgo, aunque esta era la primera vez que tendrían a una mujer predicando en sus servicios.

Entramos en el decrépito edificio, iluminado solo por unas cuantas bombillas tristes que colgaban del techo alto con largos cables eléctricos, que apenas iluminaban mis pies con su brillo apagado. El espacio húmedo olía a opresión, había sido construido por la URSS, era un sobreviviente de la guerra fría, un recordatorio de la época en la que no se podía decir el nombre de Jesús, donde no se podía esperar más.

Sin embargo, el lugar pronto se llenó con los cuerpos de las personas que anhelaban la transformación, las mujeres estaban sentadas en bancos viejos a un lado y los hombres en el otro.

Aunque ya había predicado en el pasado, en nuestra iglesia local y en otros países para mujeres, esto se sentía diferente. ¡Ahora iba a predicar ante hombres y mujeres en una conferencia de liderazgo! Este fue un muro destruido. Esta era una oportunidad con consecuencias de largo alcance.

La emoción y la intimidación se turnaron dentro de mi corazón. *Dios, solo Tú pudiste haber abierto esta puerta. Gracias por esta oportunidad. ¡Nunca hubiera creído que esto fuera posible!*

Y así, mi voz trascendió a través de las personas, cada palabra ganaba volumen y coraje.

John, un miembro mayor de nuestro equipo, se encontró conmigo más tarde, su actitud estaba llena de recelo y preocupación. Yo había predicado varias veces, y él parecía cuestionar la prudencia de esa decisión. "Asegúrate de que los caballeros no piensen que les estás predicando." Entrecerró los ojos y esperó, las arrugas alrededor de su boca se profundizaron en el centro. Sabía que no estaba contento con el convenio de que yo predicara regularmente ante la gente.

El temblor que había mantenido a raya retumbó en mi estómago. "Gracias por tu consejo," le dije.

Gruñó algo, se dio la vuelta y se alejó.

Antes de que finalizará ese viaje, ni siquiera podía colocar el cepillo de dientes en mi boca, el estrés me había apretado mucho la mandíbula. Aún así, me encantó la oportunidad que me habían dado. Decidí que todo lo que podía hacer era predicar la Palabra de Dios, a decir verdad. Después de eso, el obispo Oleg dijo que podía ser oradora en todas las conferencias futuras, en poco tiempo, el pastor John me había llamado "Su predicadora favorita." Sí, las paredes habían sido destruidas.

Darryl apretó mi mano y luego sonrió como si estuviéramos compartiendo una broma privada. "Hasta luego," dijo sonriendo, "las damas tienen planes para ti." Levantó las cejas y luego subió a un vehículo con otros miembros del equipo de la conferencia y se alejó. Aunque lo observé hasta que su camioneta desapareció en el caos de la calle de Georgia, no tuve miedo. Se sentía como una aventura, mi ansiedad habitual había desaparecido.

Ciuri, la esposa del obispo, nuestra anfitriona y yo nos subimos a una camioneta con el chofer y las dos hijas de nuestro anfitrión, salimos a la calle oscura. Solo entendí que me iba a llevar a algún tipo de reunión para que hablara. Ciuri, movió la cabeza como si esperara que lo aprobara, con los ojos brillando de malicia.

EL MILAGRO DE LA RUPTURA

Solo sonreí y asentí, ya que no venía ningún traductor con nosotros en el coche. Solo habíamos avanzado unas cuantas cuadras cuando la camioneta se detuvo. Solo escuché mucha charla ruidosa y luego hicieron unos acuerdos que no entendí. Mi esposo estaba cenando Dios-sabe-donde, en la bulliciosa ciudad de Tiflis, y yo estaba en un costado de la carretera en una camioneta averiada sin tener forma de comunicarme, pero no me sentía llena de miedo. Me reí sofocadamente cuando me dí cuenta. Lo siguiente que supe fue que pararon un taxi, me llevaron al asiento delantero y las dos hijas de nuestro anfitrión subieron al asiento trasero. Le dieron instrucciones muy detalladas al conductor del taxi y nos fuimos, Ciuri y el anfitrión simplemente nos dijeron adiós, quedándose junto a la camioneta descompuesta.

El conductor del taxi tiró del volante y se dirigió a la maraña de tráfico, sin una dirección clara manejando como loco, sin reglas ni orden de ningún tipo. Condujo, zigzagueando entre los carros, personas y bicicletas en el fresco de la noche. Más allá de mi ventana, veía una ciudad borrosa que parecía de medieval-antigua contra la parte soviética gris y monótona, parecía que los dos mundos habían sido colocados dentro de un domo de nieve y para luego ser sacudidos. Pasamos por el río Kurá, con su tono verde-marrón serpenteando por las sombras color azul y crema de los edificios de estilo georgiano y luego por los bizantinos. Mientras conducíamos, recordé las advertencias que nos habían dado antes, de que la mafia rusa era dueña de los taxis en la ciudad. La advertencia destelló en mi mente al igual que los números al rojo vivo que indicaban la tarifa en el tablero del taxi, pero la ignoré. La oscuridad había desvanecido la luz del día, y los edificios se veían más pálidos y fantasmales que cuando recibían la luz del sol de Tiflis. Atravesamos la ciudad, pasando monumentos familiares una vez, y luego otra vez. Me dí cuenta de que íbamos en círculos pero, de nueva cuenta, no tenía miedo. Miré por encima del hombro a las jóvenes en el asiento trasero, estas solo sonrieron y ponían una mano en mi hombro de vez en cuando. *¡Mírenme, ¡antes una miedosa ahora convertida en una aventurera!*

Más de una hora después, nos dejaron frente a la tienda de Ciuri, una pequeña habitación ocupada con un sofá y una mesa de café. Entramos, Ciuri nos saludó, toda sonrisas, besando nuestras mejillas. Me pregunté cómo había llegado allí antes, claramente, nuestro taxi había tomado el camino más largo. Con una mano señaló hacia el sofá que tenía la mesa de café frente a él, y dijo: "Siéntate."

Me hundí en el mueble y miré a mi alrededor justo cuando se apagaron las luces. Escuché mientras las voces de Ciuri y de su hija subían y bajaban en el oscurecido lugar, luego se hizo un silencio total. Esperé y esperé hasta que alguien encendió un fósforo que rompió la oscuridad. Ciuri encendió la vela que tenía en su mano y la puso sobre la mesa frente a mí. Pero nadie se sentó conmigo. Ciuri y su hija seguían entrando y saliendo por una puerta. Entonces, el esposo de Ciuri, el obispo Oleg, llegó con nuestros anfitriones y uno de nuestros traductores, y nos enviaron a la habitación de la cual Ciuri seguía entrando y saliendo. Allí había una mesa cubierta de pasteles, frutas y khachapuri, un delicioso pan con queso. Las velas encendieron la colorida exhibición, proyectando una luz cálida y parpadeante en el festín.

"Siéntate, por favor," dijo Ciuri, su brillante sonrisa también provocó una en mi cara. Me di cuenta de que había estado sentada en el lugar de honor, la lujosa decoración y la extensa variedad de coloridas delicias, formaban parte de un mensaje mucho más amplio.

El Obispo dijo, con las manos cruzadas frente a él sobre la mesa, "¿Estarás dispuesta a tener una conferencia de mujeres la próxima vez que nos visites?" Esperó a que los traductores hicieran su trabajo, y entonces algo se iluminó en mi. Este festín, la tardanza del taxi, el lugar de honor en la mesa, todo esto había sido preparado para mi.

Sentí la cara caliente, estaba tan asombrada que tardé un minuto en responder.

Las lágrimas llenaron mis ojos, la habitación nadaba en ellas, me tragué el nudo en mi garganta. Asentí y puse una mano en mi pecho y dije: "Sí, sería un honor para mí."

Y así, al año siguiente, comencé a dirigir conferencias de mujeres para cientos de mujeres georgianas. Y supe que esto solo pudo haber sucedido gracias a Jesús. Gracias a Su fortaleza.

"En Juan, capítulo cinco, se cuenta la historia de un hombre lisiado que perdió toda esperanza." Miré hacia la habitación cavernosa, débilmente iluminada, tratando de hacer contacto visual. Un hombre estaba parado detrás de una pequeña mesa, ajustando el sonido. El traductor hizo eco de mis palabras, haciendo que hiciera una pausa después de decir cada frase. "Este hombre había estado sentado en su camilla durante muchos años y nunca había podido bajar a las aguas curativas del estanque de Betzatá. No podía arrastrarse lo suficientemente rápido y constantemente se quedaba detrás de los otros que podían caminar."

Hice una pausa y miré a la multitud sentada en las sillas, solo iluminada por las dos bombillas que colgaban del techo. Permanecían tan quietos como el aire húmedo dentro de la habitación. "Cuando Jesús lo vio allí, solo le dijo: 'Recoge tu camilla y camina.'" Recogí la manta que había atado y traído de mi habitación de hotel como apoyo.

"Todos tenemos una especie de camilla en la que nos quedamos estancados o atados. Esa camilla representa tu pasado, cualquier situación que te haya hecho sentir impotente, solo, indefenso, asustado, deprimido. Dios no quiere que te quedes atrapado en esa situación. ¿No te has dado cuenta de que Jesús ya pagó el precio, y que por lo tanto no tienes que quedarte allí?"

El movimiento del controlador de sonido llamó mi atención. Apretó la cara contra sus manos y comenzó a llorar.

"Tal vez pienses, siempre seré pobre o feo o débil o lisiado o estaré solo. Pero Dios te ve. Él oye tu llanto, Él te está pidiendo que te levantes y te vayas a cumplir tu propósito. Depende de ti levantarte y te apoderes de ese propósito."

Capítulo 34.
Últimos Días y Vida Nueva

Asilo de Ancianos, 2004

Pasé por la entrada del asilo de ancianos y encontré a papá en su lugar habitual. Lo habían llevado a la sala principal, otras personas de las instalaciones estaban sentadas a su alrededor mientras predicaba sobre el amor redentor de Jesús. Sonreí al verlo allí, notando la atención que le tenían los demás residentes, con las caras brillantes por la esperanza.

A los 96 años, no había bajado mucho el ritmo. Habría estado en casa con Myrtle, la mujer con la que se casó años después de la muerte de mamá, si no fuera porque había necesitado rehabilitación después de someterse a una cirugía. Me vio parada allí y me ofreció una sonrisa que se alineaba con suaves arrugas, líneas de alegría después de tantos años de haber encontrado la paz con Dios y saber que su vida tenía valor porque le pertenecía a Él.

Pero la cirugía había cobrado su precio y, justo cuando pensábamos que papá estaba en vías de recuperación y listo para reanudar su "vida normal," contrajo una infección por estafilococos. El ataque debilitó su cuerpo, sus vibrantes ojos marrones solo se apagaron un poco. Yacía en la cama de su habitación, con las cejas fruncidas por el dolor. Oramos por él, papá levantó su mano, huesuda y frágil, hacia su Dios, alabándolo incluso en este momento. Luego sintió un poco de alivio, y se dejó caer contra su almohada. En esos últimos días, papá siempre me hacía reír. Cualquiera que lo visitara, podía ver la paz que sentía porque ya iba a estar con el Señor. Me contó un sueño que tuvo y me dijo: "Entré en este espacio abierto, que era muy grande. La gente venía hacia mi, sonriendo. Los oí decir: 'Ahí está Luther,' y pude sentir dicha." Creo que papá tuvo una visión de su futuro hogar.

Una noche, me acurruqué contra él en su cama de hospital, presioné su pecho con mi cabeza para escuchar el latido de su corazón, su ritmo lento y constante. Me quedé dormida allí, la paz giraba en la habitación como si fuera incienso. Cuando desperté, solo había silencio. Mi papá, quién siempre se paraba temprano cada mañana para ir a la iglesia a orar por su familia, quién me había abrazado y llorado conmigo cuando mi matrimonio se desmoronó, quién era un abuelo y bisabuelo constante para mis hijos y nietos, se fue a su hogar para estar con su Jesús ese día.

"Te amo, papá. Nos veremos ahí."

En su funeral, hablé ante una sala llena, pero en realidad estaba hablando con mi padre. "Papá, quiero agradecerte por la herencia que me dejaste a mí y a mis hijos. Gracias por enseñarme los caminos de Dios. La niña que te seguía, cogida de tu mano, aprendió mucho sobre la vida de Dios. Te observé cuando ponías las manos sobre los enfermos, echabas afuera los espíritus malignos y enseñabas la palabra de Dios al pueblo de Dios. Estaba en entrenamiento, papá. Recuerdo muy bien que me despertaba con tus oraciones o cuando oía que se cerraba la puerta de la cocina cuando salías a la iglesia a primera hora de la mañana. Me enseñaste a rezar y la importancia de orar sin cesar. Incluso cuando te visité en el asilo de ancianos, mientras hablábamos, me tomabas la mano y me decías: "Oremos." Me encantaba que siempre comenzabas con un "Querido Señor" porque Él era el Señor para ti."

"Me enseñaste a nunca sentirme avergonzada del evangelio de Jesucristo y a no olvidar que mi misión en esta vida es cumplir su voluntad, no la mía. Me enseñaste a ser honesta, a pagar mis cuentas y, oh sí, me enseñaste lo frágiles que podemos ser los humanos."

"Gracias por ser fiel hasta el final. Nunca te diste por vencido, nunca dejaste de soñar y nunca perdiste la esperanza. Siempre quisiste predicar solo una vez más. Tu resistencia me enseñó la fidelidad de Dios. Gracias, papá, por la herencia que me dejas a mí, a mis hijos y a los hijos de mis hijos. Estaré eternamente agradecida de que hayas caminado, no solo hablado, la forma de vida de Dios."

Capítulo 35

Reveses y Nuevo Desengaño

Tamie metió su auto en el estacionamiento del supermercado, demorándose un momento. "¿Mamá?" dijo, mirándome por encima de su hombro, todavía sujetando el volante, el auto zumbando en punto neutral.

"¿Qué pasa, cariño?" Puse mi bolso en mi regazo, mirando a mi bebé, una mujer adulta que me hacía sentir orgullosa.

En ese momento mi fuerte hija parecía insegura y frágil. "¿Sabías que papá abusó de mí?" Sus ojos me recordaron a un animal escondido en una esquina. *¿Me está preguntando si lo sabía o si sucedió?*

Un silbido de dolor hormigueante recorrió mi rostro, bajó por mis brazos y mi estómago comenzó a sentir nauseas. No pude hablar. Volví a ver a mi niñita, que no podía dejar de parpadear, y al doctor diciendo: "Tal vez ella está tratando de decirte algo, Darlene," la visión golpeó contra mi pecho. Tamie recogiendo su toalla cada vez que iba a la ducha mientras estábamos acampando en un sitio para casas rodantes e insistiendo en ser mi sombra. Todas las piezas tuvieron sentido. *¡No me di cuenta! ¿Cómo es posible que no me haya dado cuenta? Jesús, ayúdame.*

Negué con la cabeza y susurré: "No. Por favor, créeme, ese pensamiento nunca cruzó mi mente." Extendí la mano y cubrí su mano con la mía. Sentía mi corazón tan pesado como la luna. Apenas podía pronunciar las palabras, mi garganta se cerró y, a pesar de que intentaba ser fuerte, no pude contener las lágrimas. "Lo siento mucho..."

Tamie solo asintió y dijo, "Está bien. No quiero volver a hablar de eso, solo necesitaba saberlo."

Más tarde, lloré sola en la ducha, el agua no estaba lo suficientemente caliente como para hacerme sentir limpia. *Le fallé. ¡No escuché sus gritos silenciosos!* Me froté la piel y luego, envolví mi cabello en una toalla y me acurruqué en mi cama.

Y Jesús vino y me asistió. "Darlene, no tienes que llevar esta carga. Dámela. Soy el único que puede curar esos lugares." Pero era muy difícil renunciar a las cosas que yo sentía que tenía la obligación de hacer: ser madre y proteger a mis hijos.

Entonces, le ofrecí las piezas rotas. Se las entregué, aunque a menudo intentaba arrebatárselas, acurrucándome sobre ellas con dolor, como si me acurrucara una lesión. Pero Dios siguió recordándome que me amaba, que amaba a mis hijos, Tamie, Tiffany y Joeie, todos unos adultos, todos eran un amor y ahora todos seguían a Jesús.

Mi Señor me dijo la verdad: pase lo que pase, Su amor no puede ser robado, ni siquiera por algo como esto.

En lo profundo de mi dolor, Él me recordó: nada puede separarte de Mi amor.

REFLEXIONES:
LAS COSAS ROTAS SE MULTIPLICAN

Entonces les mandó que hicieran que la gente se sentara por grupos sobre la hierba verde. Así que ellos se acomodaron en grupos de cien y de cincuenta. Jesús tomó los cinco panes y los dos pescados y, mirando al cielo, los bendijo. Luego partió los panes y se los dio a los discípulos para que se los repartieran a la gente. También repartió los dos pescados entre todos. Comieron todos hasta quedar satisfechos, y los discípulos recogieron doce canastas llenas de pedazos de pan y de pescado.
Los que comieron fueron cinco mil.

—Marcos 6:39-44

El almuerzo de un niño pequeño. Definitivamente no era suficiente. Pero aún así, Jesús levantó el pan hecho con grano molido a mano, básico y no elegante, y lo partió. Y cuando lo hizo, ocurrió un milagro. Los pedazos no reflejaban la oferta inicial. La cantidad, incluso después de que todos comieron hasta saciarse, superó con creces la cantidad con la que habían comenzado.

Mucho tiempo después, Jesús haría lo mismo como una representación de Sí Mismo, diciéndole a sus discípulos, una vez más, que permitiría que lo rompieran, como al pan, y que la sanación, la redención y la integridad serían el resultado de innumerables seres humanos. Me había roto por muchas de las circunstancias de mi vida. En ocasiones sentí que mi corazón había sido destrozado contra el duro suelo, despedazado. Pero Sus manos amorosas me señalaron la belleza en el quebrantamiento, porque todo se reflejaba en Su milagrosa capacidad de convertir "algo insuficiente" en algo más que suficiente, para arrancar a partir de las sobras.

Capítulo 36

Un Corazón Perfectamente Normal

Farmington, Misuri

Tomé una decisión y hablé con Darryl. Habían pasado varios años desde que el Dr. Lindsey me había dicho que el procedimiento solo tenía una probabilidad de éxito entre cien, y quizás ahora, un procedimiento de ablación más moderno podría mejorar mis probabilidades. Me sentí cansada de solo estar sobreviviendo. Me negaba a vivir con miedo a lo desconocido.

Además, supuse que la posibilidad de vivir de una entre cien era bastante buena ya que tenía a Dios de mi lado. La paz se filtró a través de mí como el agua que se hunde en los espacios entre la arena.

"¿Estás segura, Darlene?" Darryl me miró como si intentara llenarse de fortaleza.

"Estoy segura," le contesté.

EL MILAGRO DE LA RUPTURA

Darryl y yo bailamos en nuestra sala esa mañana, "Míranos" de Vince Gill, las lágrimas de mi marido me mojaban el cabello. Dijimos lo que necesitábamos decir en caso de que el procedimiento de hoy terminara con mi vida. Nos besamos y conversamos. Luego, nos subimos al coche, el cielo oscuro parecía tinta, y nos fuimos a San Luis.

Las enfermeras me prepararon para la cirugía, y me quedé allí orando, pidiéndole a Dios que me diera fuerzas, pasara lo que pasara.

Más tarde, cuando la anestesia desapareció y la luz agujereó mi sueño profundo, el médico se paró frente a mí, sacudiendo su cabeza, con las manos cruzadas delante de su cuerpo vestido con una bata y el cabello oculto por una gorra médica.

"Darlene, todo lo que puedo decir es que has conseguido tu milagro." Sonrió y se encogió de hombros. "Entré e intenté alterar el área que durante ocho años habíamos estado tratando de calmar, y no lo logré." "Actuó como si fuera un corazón perfectamente normal." Luego salió de la habitación y le repitió la gran noticia a Darryl.

Cuando Darryl, mis hijos, nietos y amigos cercanos vinieron a verme, todos comentaron lo mismo: lo diferente que me veía, tan sana y tan viva.

Unas semanas más tarde, fui a una visita de seguimiento y, después de consultarme nuevamente, el Dr. Lindsey dijo: "Todo lo que puedo decir es que ya no me necesitas."

Jesús, gracias. Te amo. ¡Tú eres el que hace milagros, y no puedo esperar a ver qué es lo que sigue!

Capítulo 37
Terminando el Ciclo
Palabras de Joeie

Nashville, Tennessee

El dolor me puso de rodillas y me permití llorar por el niño que no tenía el padre que necesitaba. Solté la ira que sentía contra él, entregándola desde mi lugar en la tierra. Lloré, porque necesitaba soltar el nudo de amargura que se había vuelto duro, un doloroso desgarre de tejido endurecido, para regresar al corazón que Dios me dio.

Más tarde, tomé mi celular y le envié un mensaje de texto. "Papá, solo quería decirte que te perdono. Por todo lo que hiciste. Te perdono por todo eso."

Él sabía lo que significaba "todo eso," pero aun así me respondió con un "No veo porque deba haber perdón por ninguna parte, pero está bien."

Su respuesta no me sorprendió, no era lo que yo quería, pero no retrocedería. *Lo he liberado. Hecho está.* La falta de perdón me había quitado más de lo que me había dado, y era un maestro cruel.

Ahora la gratitud me definía, la infancia que había vivido me había vuelto más fuerte, me hizo sentirme seguro de quién era y de quién no quería ser.

Como esposo y ahora como papá, la magnitud de mis roles no se perdió en mí. Sabía que las palabras y las acciones podían romper un corazón o construirlo.

Estaba determinado a demostrar el amor que mi esposa y mis hijos merecían. Decidí ser más fuerte y real, evitando la tentación de fingir que era mejor de lo que era, de hacer que los demás se encargaran de hacerme ver bien.

Decidí terminar el ciclo que papá había comenzado. Pasara lo que pasara, la verdad sería mi vara de medición.

Capítulo 38
Caminando Libre

República de Georgia

Nos sentamos en un parque después de que terminamos una conferencia en la ciudad de Kutaisi. A pesar de que me encantaba el compañerismo que existía entre nuestros amigos, la fatiga se apoderó de mí como una manta demasiado caliente, y suspiré. Bela, una jovencita que solo era una niña cuando empezamos a venir a Georgia, comenzó a decirnos de dónde eran las diferentes personas que nos rodeaban: Rusia, Armenia, Azerbaiyán, Turquía. Luego nos comentó con una sonrisa: "Es fácil saber si una persona es de Rusia, Ucrania o Estados Unidos."

"¿Cómo puedes distinguir a un estadounidense de cualquier otra persona?" Pregunté, observando que la mayoría de las personas que pasaban eran caucásicas.

Ella enderezó su cuerpo y levantó su barbilla. "Los estadounidenses caminan con la cabeza levantada." Los demás alrededor del círculo estuvieron de acuerdo.

"¿Quieres decir, qué somos arrogantes?" Esperaba que no diéramos esa impresión con nuestro comportamiento. Darryl y yo, al igual que los demás miembros del equipo que traíamos con nosotros, queríamos mostrar siempre humildad y amabilidad. Queríamos mostrar que el terreno en el reino de Dios era muy nivelado.

Bela, que ahora era una joven hermosa y había asistido a muchas de nuestras conferencias, negó con la cabeza, con las cejas en alto. "No, eso no. Los estadounidenses caminan con la cabeza levantada." Me sonrió y entrecerró los ojos, se formaron unas pequeñas arrugas alrededor de sus ojos, luego se puso de pie y nos mostró cómo se comportaban los estadounidenses.

"Los estadounidenses caminan como si fueran libres." Mientras reflexionaba sobre lo que nos dijo, recordé los años anteriores, y ahora podía ver lo libres que se habían vuelto las mujeres de Georgia y cómo esta joven, y muchas otras, eran testimonios vivos de lo que Dios podía hacer en una vida. ¡No importa dónde vivieran o de dónde vinieran! Tampoco importaba cual fuera su quebrantamiento.

Ciuri apoyó su hombro contra el mío mientras hablábamos, un traductor se encargaba de transmitir nuestros mensajes de ida y vuelta.

"Después de que se vayan, llevaremos sus palabras a los pueblos cercanos."

Me volví hacia ella, mirando su cara, tan abierta con honestidad y amor por Jesús.

"Llevamos sus mensajes a muchas, muchas personas. De esta manera, esto continúa, no solo en Tiflis, sino también en el exterior."

Me imaginé el mensaje de gran alcance de amor, esperanza y de propósito de Dios, que se extendía como un frasco de tinta volcado a toda Georgia y a la gente que vivía más allá. Sonreí, cerré los ojos y le dije a mi Jesús: "Te amo. Gracias. Tú lo hiciste."

El Cuenta Cuentos
por Morgan Harper Nichols[1]

Un domingo al anochecer
Recordaba el paso de todos estos años
y donde he estado
Miraba viejas fotografías
Recordaba que estabas ahí
y has estado ahí desde entonces
Cada vez que doy vuelta a una página, veo tu fidelidad.
Oh, la montaña que escalé
El valle donde caí
Estuviste allí todo el tiempo
Esa es la historia que voy a contar
Juntaste las piezas
Me convertiste en un cuenta cuentos
Ahora sé que está bien, está bien.
Esa es la historia que voy a contar
Hubo algunas noches, que se sentían como
Que iban a durar para siempre
Pero Tú me mantuviste respirando
Estuviste conmigo en ese momento
Todo lo que hiciste por mí
Nunca hubiera podido aguantarlo
Entonces, aquí estoy yo contando esta historia
Una y otra vez

---

[1] Morgan Harper Nichols, *El Cuenta Cuentos* (Franklin, Tennessee: Gotee Records, 1994).

Reflexiones de la Autora:
Su Historia

Dios ha realizado innumerables milagros en mi vida. Tomó a una niña asustada y la transformó en una mujer segura de su vocación, ¡que podía hablarle a miles de personas! Él también sanó el corazón de esa chica de muchas maneras. Aprendí que podía confiarle mis pedazos.

Sin embargo, no vivo por los milagros. El poder no se encuentra ahí. El poder se encuentra en el Hacedor de Milagros. Vendrán nuevas dificultades. Aparecerán nuevos miedos y problemas. Pero no tengo que tenerles miedo. Puedo mirar al futuro con esperanza. Si vivo por el milagro, mi enfoque se encuentra en el lugar equivocado, en algo incorrecto. Me hartaría cuando las dificultades duraran demasiado.

No. Es mejor buscar al Creador de Milagros.

Se destaca en la ladera, sonriendo y diciendo: "Puedo hacer cosas increíbles con algo *insuficiente*. Sólo observa." Luego, Él toma los pedazos y los transforma en cestas rebosantes, más de lo que puede ser comido por 5,000.

Además, Él nos hace señas desde el centro de la tormenta, está parado allí, tan calmado, fuerte y seguro, ofreciéndome su mano firme cuando me estoy hundiendo, cuando estoy segura de que esta vez moriré. Él es igual en la calma y en la tormenta. Él es el Señor Altísimo, pero a su vez se arrodilla para vernos de verdad, levantar nuestras barbillas, secar nuestras lágrimas y resolver el problema.

No es en el milagro en el que tenemos que confiar. Es en el Creador de Milagros. Sus ojos están llenos de bondad.

Verás, descubrí que Dios puede usar las cosas rotas.

Descubrí que Él puede multiplicarlas.

He visto, de primera mano, cómo Él puede tomar los restos y alimentar a miles, incluyéndome a mí en ese número.

He visto al Creador de Milagros, Su amor, Su fuerza y Su generosidad son suficientes para todos nosotros. De lo interminable a lo interminable.

Escribe Tu Historia

El ^{17} de abril de 1990, a las 12:35 p.m., tomé la decisión de elegir la alegría. Te insto a que mires al Hacedor de Milagros, déjalo infundirte fuerza. Toma la decisión de recordar quién eres, sin importar las circunstancias, sin importar el desastre, eres un hijo adorado de Dios hecho a Su imagen. No eres un error. No estás demasiado lejos. No eres un "un producto del sistema." Eres Suyo. ¡Camina en Su verdad y Su amor, y escoge la alegría!

La Vida es el Regalo que Dios te Dió

Fecha: _____

Yo, _____, hago una elección de calidad para ser feliz en un mundo infeliz.

A pesar de las personas y sus actitudes, he determinado y establecido con la ayuda de Dios, que aceptaré Sus sugerencias y elijo vivir de acuerdo con Deuteronomio 30:19 y Josué 24:15.

Me doy cuenta de que mi última "libertad" en la vida es determinar mi actitud en cualquier situación dada.

No me gustan algunas de las situaciones causadas por otras personas. Sin embargo, mi elección es dejar que el Mayor gobierne, no a ellos. Proverbios 23:7 dice: "Pues como él piensa en su interior, así es él."

La felicidad se encuentra en la santidad. Es una elección de actitud sobre las circunstancias. Yo, hoy, hago un compromiso absoluto con Cristo y con la voluntad de mi Padre. Quiero que su mano aplaste mi naturaleza carnal, ¡Entonces seré transformado a la imagen de Cristo! Ya no quiero vino nuevo en botellas viejas. Quiero que mi naturaleza carnal sea "aplastada;" que el veneno interno sea eliminado, ¡Entonces la curación completa y un NUEVO COMIENZO podrán comenzar en mi vida!

Sobre la Autora

Darlene ha experimentado milagros de primera mano. A menudo dice que Dios la tomó "cuando era insuficiente" y la volvió más que suficiente, como lo demuestra en su ministerio de oratoria internacional para mujeres, su compromiso con los huérfanos y en su pastoral al lado de su esposo en su iglesia local.

A través de su ministerio de oratoria internacional Women Around the World (Mujeres De Todo El Mundo, en español), Darlene usa Su historia para llevar esperanza y restauración a aquellos que se sienten impotentes. Ella ha transmitido este mensaje a los confines del mundo, incluyendo Kenia, Sudáfrica, Tanzania, Uganda, la República de Georgia, Armenia, Ucrania, Tanzania y Myanmar.

Ella y su esposo, el pastor Darryl, viven en Misuri y disfrutan de la dulce vida con sus hijos y nietos.

Women Around the World
A.P. 29
Farmington, Mo. 63640

WomenAroundTheWorldMinistries.com
Correo Electrónico: waw@solidrockfamilychurch.org

Reconocimiento para

Women Around the World

"Cindy y yo conocemos a Darlene desde hace casi 50 años. El ministerio de ella y Darryl nos ha atendido a nosotros y a nuestra congregación durante estos años. El ministerio de Darlene está empoderando a Women Around the World. Hemos sigo testigos de su enseñanza y formación práctica y dinámica en lugares del mundo donde a las mujeres nunca se les ha permitido servir como ministro. ¡La responsabilidad y la confianza de los pastores, obispos y líderes es asombrosa! Ya sea un evento de mujeres o combinado, ella es recibida por todos como una Madre en la Fe. Es como el terciopelo de acero: ¡fuerte en Espíritu, suave al corazón! Ella nutre a la Familia de Dios, pero es una guerrera que lucha por la verdad. La libertad la sigue, y la sabiduría permanece. El favor de Dios, como el de Ester, es el punto de referencia que hemos visto. Los resultados son innegables, el fruto es notable, las transformaciones generacionales. Darlene es el reflejo del amor y la gracia de su Padre. Comisionada por Cristo, camina el poder del Espíritu Santo."

Pastores Danny & Cindy Wermuth
Centro de Culto Familiar de Joplin
Joplin, Misuri

www.ingramcontent.com/pod-product-compliance
Lightning Source LLC
Chambersburg PA
CBHW071206070526
44584CB00019B/2934